JN011694

concept 2
concept 2
concept 2
concept 2
PayPay
STARLINE

SoftBank
HAWKS

昭和建設

Profile

和田毅 Wada Tsuyoshi

福岡ソフトバンクホークス 投手（背番号21）

1981年2月21日、愛知県江南市出身。

大学野球の選手だった父の影響で小学1年生から野球を始める。

11歳のときに父の故郷・島根県へ転居。浜田高校時代は、エースとして2年生夏、3年生夏と甲子園大会に2回出場。3年生夏の大会はベスト8まで勝ち進んだ。

高校卒業後、早稲田大学へ進学。同級生のトレーナーとともに試行錯誤を重ね、フォームに磨きをかけたことで、最速127～128km/hだった球速がわずか2カ月で140km/hを突破。2年生春から先発投手の座をつかむ。4年生時には、早大としては52年ぶりの春秋リーグ連覇達成に貢献。江川卓氏が保持していた六大学野球通算奪三振記録（443）を塗り替える476奪三振を記録した。卒業論文のテーマは「投球動作における下肢の筋電図解析 An electromyographic analysis of the lower limb in pitching」。

2002年、ドラフト自由獲得枠で福岡ダイエーホークス（当時）へ入団し、1年目から先発ローテーション投手に定着。14勝をマークして満票で新人王を獲得した。また、その年の日本シリーズで第7戦に先発。プロ野球史上初めて、新人として同シリーズで完投し胴上げ投手になった。

以降、5年連続で2桁勝利を達成。2004年アテネ五輪、2006年第1回WBC、2008年北京五輪に日本代表として出場。

2009年はケガに悩まされたが、2010年に完全復調。17勝8敗、防御率3.14の成績を残し、最多勝利投手・MVP・ベストナインに輝くなど、ホークス7年ぶりのパ・リーグ制覇に貢献した。2011年には左腕史上最速となる通算200試合目での100勝を達成。

2011年オフ、海外FA権を行使し、MLBボルチモア・オリオールズへ移籍するも、1年目開幕直前に左肘の手術を受ける。2014年にシカゴ・カブスへ移籍し、同年7月に3年越しとなるメジャー初登板を果たす。シーズン4勝の活躍で日米野球のMLB代表に選出、日本のファンの前で凱旋登板を果たした。

2015年オフに日本球界への復帰を決断し、2016年シーズンより再び福岡ソフトバンクホークスに所属。復帰1年目から最多勝・最高勝率のタイトルを獲得した。2018年シーズン開幕前の春季キャンプで左肩痛に襲われ、1年半にわたる治療・リハビリを経て、2019年シーズン途中から一軍に復帰。ホークスの日本シリーズV3を決めた第4戦で先発登板。勝利投手となり、完全復活を印象づけた。

いわゆる「松坂世代」の1人。プロ在籍した94人の同級生のうち、本書刊行時点でのNPB現役選手は自身を含めてわずか5名である。

妻は元タレントの仲根かすみさん。一女の父。

計算しつくされた投球フォームは、プロの打者からも球の出所が見えにくいと評価されている。

持ち球は、ストレート、カーブ、スライダー、チェンジアップ、ツーシーム、カットボール。

179cm 82kg。左投げ左打ち。血液型O型。

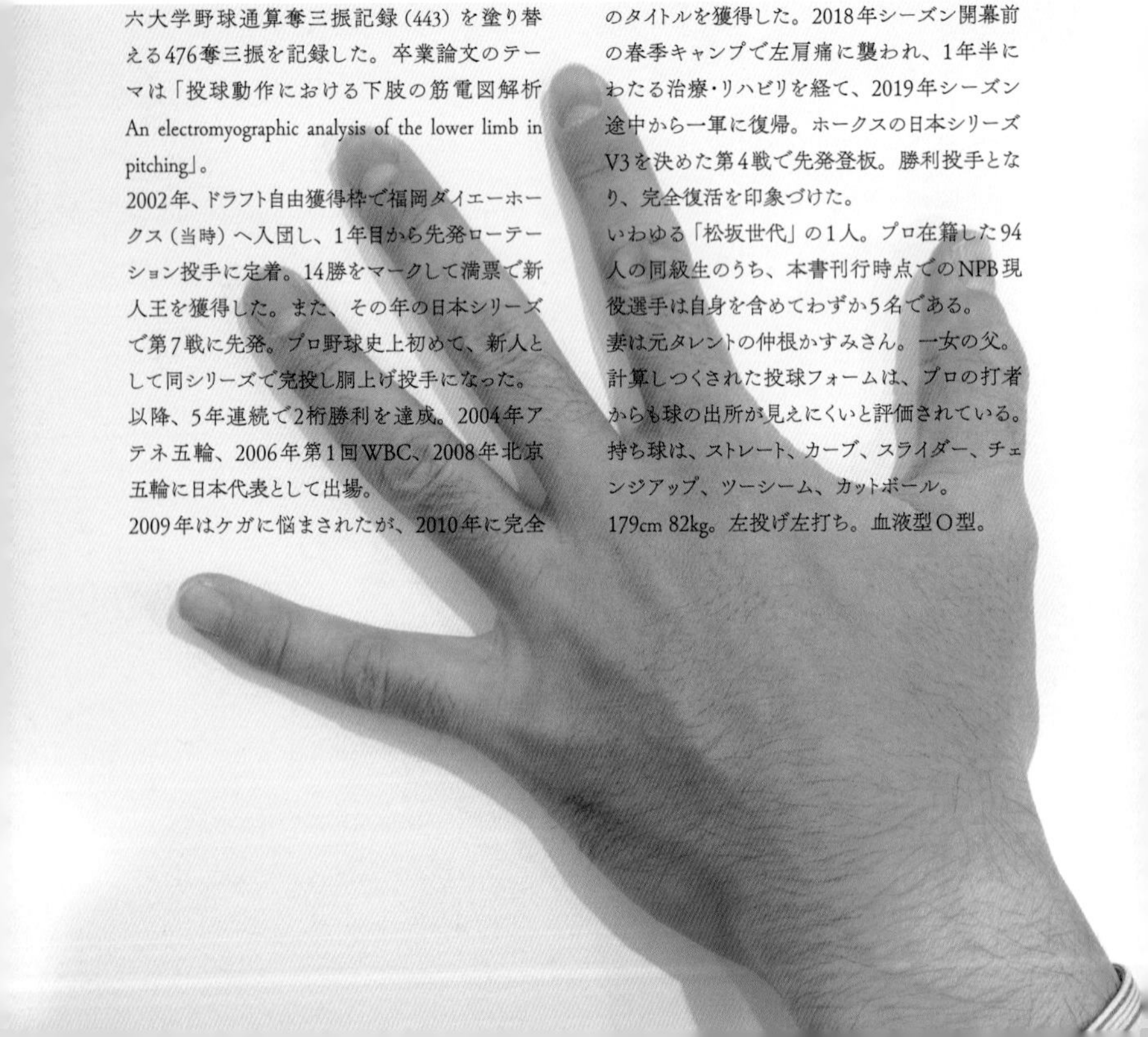

和田毅

だから僕は練習する

天才たちに近づくための挑戦

福岡ソフトバンクホークス 投手
Wada Tsuyoshi

ダイヤモンド社

はじめに

——なぜ「ふつうの野球少年」が
プロ野球選手になれたのか

もともと僕は「どこにでもいるふつうの野球少年」だった。

同級生たちと比べて、飛び抜けて野球がうまかったわけではない。

体格に恵まれていたわけでもない。

誰もが認める豪速球や変化球があったわけでもない。

天才的なセンスや嗅覚《きゅうかく》があるわけでもない。

注目の高校球児だったわけでもない。

にもかかわらず……自分では信じられないような実績を、これまで上げることができた。

○東京六大学野球奪三振記録
○最多勝（２０１０年・２０１６年）
○最高勝率（２０１６年）
○新人王（２００３年）
○ＭＶＰ（２０１０年）
○ベストナイン（２０１０年）
○ゴールデンスピリット賞（２００６年）
○セ・パ交流戦最優秀選手賞（２０１０年）

もちろん、これは決して僕だけの力によるものではない。

僕が所属する福岡ソフトバンクホークスは、僕が入団した２００３年から数えると、６回のパ・リーグ優勝、７回の日本シリーズ勝利という圧倒的な強さを誇っている。おかげさまで、２０１９年にも「日本一」の座に輝くことができた。

僕の実績は、この恵まれた環境のなかで生まれたものであり、球団関係者の方々やチームメイト、そして何よりも、いつも熱い応援をしてくれるファンの方々のパワーを抜きには語ることができないものだ。

みなさんには、この場を借りて、心から御礼《おれい》をお伝えしたい。

とはいえ……たくさんの人からいただいた支えを差し引いても、やはり納得がいかないことがある。

1981年2月21日生まれの僕は、**いわゆる「松坂世代」の1人**である。

「松坂世代」は、その代表格とも言うべき松坂大輔をはじめとして、とくに優秀な投手がひしめいていたことで知られる世代だ。

最終的にプロ入りした同級生は94名に上るという。

うっかりこんな世代に生まれてしまった僕は、まさか自分がプロ野球選手になるなどとは考えてもみなかった。

早稲田大学に進学したときも、「卒業までにせめて1回くらいは、早慶戦のマウンドに立ちたいなあ……」というぼんやりした目標があった程度で、「あとは教職課程の単位をとって、高校野球の監督にでもなろうか」などと考えたりしていた。

だがいまや、現役を続けている「松坂世代」の日本プロ野球選手はわずか5名。残っているのは5％程度だということになる。

そう考えると、僕がまだ現役を続けられているのは、とんでもなく幸運なことなのだ。

ただ……そうだとするなら、ますます僕には不思議に思えてくる。

なぜ、あんな「ふつうの野球少年」が、プロ野球選手になれたのだろう？

なぜ、才能溢《あふ》れる仲間たちよりも、長く現役を続けられているのだろう？

なぜ、平凡なプレーヤーであるはずの僕が、彼らのような「天才」のレベルに近づけたのだろう？

「練習」――。

いまのところ、これが僕の仮説だ。

「ほかの選手と自分の違いを1つだけあげてみろ」と言われれば、僕はおそらく「練習」と答えるだろう。

これは単に「とにかくたくさん、誰よりもガムシャラに努力してきました！」というだけのことではない。

僕はいま、「考えて練習すること」を心がけている。

丁寧に考えて、考えて、考え抜いたことを、淡々《たんたん》とやり続けている。

もちろん、ガムシャラに練習することを否定するつもりはないし、僕自身も、何も考えずにひたすら練習に打ち込んだ時期はある。

しかし、「平凡な野球少年」を天才たちのレベルに近づけてくれたのは、ほかでもなく「練習」だった。

それだけは間違いないし、今でも僕はそのための「挑戦」を続けている。

この本が出てちょうど1年後の2021年2月に、僕は40歳を迎える。40歳というのは野球選手としてはもちろん、1人の人間としても大きな節目《ふしめ》だ。

2018シーズンから2019シーズンの半ばまで肩を負傷《ふしょう》していた僕は、長期間にわたって戦線を離脱《りだつ》することになった。

17年の現役生活を通じて、これほど精神的に過酷《かこく》な時期はなかったと断言できる。それでも、出口の見えないケガの日々から抜け出し、2019日本シリーズの優勝を決めた日に勝利投手になるという幸運に恵まれたのは、やはり僕が「考えて練習する投手」だったからではないかと思う。

もしも僕が「何も考えなくても、いきなり『いい球』が投げられてしまう天才」だったとしたら、僕はあんなすばらしい舞台にはもう一度立てなかっただろう（もちろん僕には「天才」というのが、どんなものなのかについては、知る由《よし》もないのだが……）。

だからこそ、いまこのタイミングで僕は、**「練習」を通じて自分を成長させること、「考えながら練習すること」の大切さについて振り返ってみたい**と思う。

僕に語れるのは、あくまで一人の投手としての体験でしかない。


しかし、この本が「もっとうまくなりたい！」と思って日々練習している野球愛好者のみなさんはもちろんのこと、

「いまの練習をこのまま続けていていいのか？」

「そもそも練習って何なのだろう？」

「どうしてこんな練習をしているのか？」

と悩んでいるすべての人にとって、多少なりともヒントになるのであれば、こんなにうれしいことはない。

福岡ソフトバンクホークス 投手／背番号21　和田 毅

だから僕は練習する／和田毅　目次

第1章 「天才」に近づく練習論

第2章 「勝つ」ために考え抜く

第3章 「心」を磨き、覚悟を固める

第4章 バッテリーの練習論

第5章 人を育てて、自分を育てる

第6章 それでも僕は、練習をやめない

特別対談 練習について

本書の内容は、「ダイヤモンド・オンライン」の
連載「和田毅　練習について僕が思うこと」の内容をもとに、
加筆・新原稿を加えて再構成したものです。

第1章

「天才」に近づく練習論

「人より優れていないこと」が、僕の優れているところ

01
PRACTICE

「ほかのプロ野球のピッチャーと比較して、和田毅が優れている点を1つだけ挙げるとしたら――?」

こう聞かれると僕は答えに窮してしまう。

具体的に何が優れているのか、どこが勝《まさ》っているのか……自分ではなかなか簡単に見つけられないのだ。

元来がネガティブ思考な性格なので、逆に「優れていない点」ならパッと頭に浮かぶ。

まず、フィジカル的な能力で言えば、僕はプロ野球のピッチャーのなかで、真ん中より下に位置しているだろう。

筋力には自信がないし、身体のサイズも小柄な部類に入る。それゆえに当然、投げるボールのスピードも群を抜いて速いというわけではない。

チームメイトには、野球以外も得意な「スポーツ万能」な選手が何人もいるが、残念ながら僕はその真逆のタイプだ。

サッカーをはじめとする球技はからっきしだし、テニスやバドミントンといったラケットを使う競技も下手くそ。

脚は遅いほうではないが、だからといって、もし野手として盗塁王のタイトルを獲得できるかといえば、絶対にそんなことは不可能だ。

もちろん「野球を好きな気持ちだけは誰にも負けない！」という信念はあるけれど、プロ野球選手なら誰だって同じように思っているだろう。それに、そもそも人の気持ちなんて比較しようがない。

では、僕の人より優れた野球の能力とは何だろうか……答えはなかなか見つからない。

ただ、そんな僕も２０２０年でプロ野球選手生活18年目を迎える。

その間、幸運にも最多勝や最高勝率といった投手部門のタイトルを獲得することができた。リーグＭＶＰやベストナインに輝いたこともあるし、憧れていたメジャーリーグのマウンドにも立つことができた。

僕にも人より優れている点がきっとあるはずだ……そうやって考えていくなかで、冒頭の問いにあえて答えを出すなら、「他人より優れていない点」ではないかと思う。

より正確に言えば、**「他人より優れていないと自分で認められること」が僕の長所**なのだ。

自分に足りないものがあると思えたからこそ、僕はまじめに練習を続けることができた。自分が未熟であると感じていたからこそ、人からのアドバイスにも素直に耳を傾けられた。

早稲田大学時代に僕は、パーソナルトレーナーとして僕を支えてくれた土橋恵秀《つちはしけいしゅう》と出会い、野球選手として大きく成長できた。彼との出会いが僕の野球人生を大きく変えたと言っても過言ではない。

「和田のボールは速くなる」――彼のその言葉を信じて、その出会いを実りあるものにできたのも、僕が「自分は他人よりも優れていない」と認めていたからにほかならないのだ。

THINK!

「考える練習」は「長所のなさ」を認めることから

「才能のなさ」を受け入れる。その瞬間から凡人は成長する

02

PRACTICE

早稲田大学に入学後、まもなくして行われた東京六大学野球の春季リーグ戦。まだ1年生だった僕は、神宮球場の3階席からチームを応援していた。

しかしライバル校には、すでに1年生時点で試合に出場しているピッチャーもいた。慶應・長田秀一郎、立教・多田野数人、法政・土居龍太郎。いずれも高校時代から全国的に名前を知られた存在で、みんな140キロ超のボールを投げる速球派だった。

かたや当時の僕は、最速で127、8キロ、平均すれば122、3キロのボールを投げるのが精いっぱい。単純に投げ合ったら、はっきりと見劣りする力量しかないピッチャーだった。実際に試合で対戦していたら、絶対に勝てなかっただろう。

「いずれ3、4年生になったとき、早慶戦で神宮球場のマウンドに1回くらいは立てるといいな……」

当時の僕にはその程度の目標しかなかった。

もちろん、大舞台のマウンドで恥ずかしい思いをするのは嫌だったし、そんな目標しか持てない自分をどこか情けなくも感じていた。

土橋と出会ったのはその頃だった。彼は早稲田大学野球部に初めて誕生した学生トレーナーだった。ある日、僕の投球練習を間近で見ていた土橋がこう言った。

「和田のボールはまだ速くなるよ。フォームを修正すれば、おそらく１４０キロ以上は出るんじゃないか」

その言葉を聞いた瞬間、僕は彼が冗談を言っているのだと思った。少し間を置いて、もしかしたら、からかっている可能性もあるとも考えた。

何しろ、土橋が僕の投球をきちんと見るのは、その日がほとんど初めてのことだったのだ。彼が本気でその言葉を口にしているとは思えなかった。

大学入試でたとえれば、模試でＤ判定の出た受験生に、「君は勉強に対する姿勢がいいので、きっと合格するよ」と言っているようなものだろう。

ピッチャーにとって、投球フォームを根本から変えることは、野球人生の一大事と言ってもいい。下手をすれば故障につながる危険な賭けでもある。まともなピッチャーなら、そんな言葉を真に受けたりはしないはずだ。

しかし、このままではライバル校のピッチャーたちに勝てない……それに、どうせ失敗したって、教職課程の単位を取って、高校野球の監督を目指せばいいじゃないか……そう考えた僕は、土橋のアドバイスを受け入れることを決断した。

そこから2人で、動作解析や運動力学に基づく投球フォームの修正に取り組んだ。驚くことに成果はすぐにあらわれる。修正を加えるたびに球速がアップしはじめたのだ。

信じられないことに、**わずか2カ月後には、土橋の言葉どおり、僕の投げるボールの最速値は140キロを超えるようになった。**

いまから振り返ると、そのとき、彼の言葉を信じて本当によかったと思う。

もし当時の僕が、137、8キロのボールを投げられるピッチャーだったら、きっと彼のアドバイスを冗談だと思って受け流していただろう。

しかし、「自分には足りない部分が無数にある」と認めていたからこそ、ただの学生トレーナーだった彼の理論を信じられた。「失うものがない者の強み」と言ってもいいだろう。

「自分は他人より優れていない」

その事実を受け入れられたからこそ、僕は野球選手として大きな成長を遂げることができたのだ。

このときの体験が、僕のその後の野球人生を大きく変えたように思う。

THINK!

失うものがないなら、「素直さ」を武器にしよう

「松坂世代」だったからこそ、ずっと謙虚でいられた

03

PRACTICE

僕が「自分には優れたところがない」という話をすると、多くの人からは「そんなはずはないでしょう。きっと才能があったんですよ」という答えが返ってくる。

たしかに僕は、浜田高校（島根県）2・3年生のときに、甲子園大会に出場している。全国の高校球児の憧れである甲子園のマウンドに立ったのだから、本来ならば「自分にも優れた点がある」と自信を持ってもいいはずだ。

しかし、3年生の夏の大会で僕は、さらに自分の未熟さを痛感することになった。

野球ファンの方ならご存知だと思うが、**僕は野球界で「松坂世代」と呼ばれている選手のうちの1人**だ。

世代名称の由来にもなっている松坂大輔を筆頭に、杉内俊哉、新垣渚《あらかきなぎさ》、村田修一、藤川球児、久保康友、そして、本書の特別対談（192ページ）にも登場してくれた館山昌平……僕の同学年には、錚々《そうそう》たる顔ぶれが並んでいる。

のちに福岡ソフトバンクホークスでチームメイトとなる杉内（鹿児島実高）は、当時からすばらしいピッチャーで、同じサウスポーでも僕とは別格の実績を誇っていた。

夏の甲子園1回戦の八戸工大一高戦ではノーヒットノーランも達成している。

ところが彼は、2回戦の横浜高戦で打ち込まれて0－6で敗戦。しかも松坂にホームランまで打たれて敗れたのだ。ノーヒットノーランを記録したピッチャーが、次の試合で6失点も喫するのは信じられなかった。


周知のとおり、松坂率いる横浜高は、その後、PL学園や明徳義塾と激戦を繰り広げ、大会の頂点に立つ。

僕らは運よくベスト8まで勝ち進んだが、そんな喜びも吹き飛んでしまうほど、彼らの戦いぶりはハイレベルで、**まるで別世界の出来事のようだった。**


松坂をはじめ、この大会で活躍した多くの選手が、高校卒業後にプロの道に進んだ。大学入学後に僕は、六大学野球の同学年のライバルたちに追いつくことを目指したが、そんな僕の目標だった彼らでさえ、高校生の時点でプロから声がかかったか否かという観点から言えば、その年のドラフトで1位指名を受けた松坂たちより「格下」だったとも言えるのだ。

当時の僕と世代トップ選手たちとの距離が、いかに途方もないものだったか――きっと想像いただけることと思う。元来ネガティブな僕が、そんな同級生たちを見て、自信など持てるはずがなかった。

もしこのとき甲子園大会に出場したことで、「自分もけっこういけるぞ!」と勘違いしていたら、大学時代に土橋のアドバイスには素直に耳を傾けられなかったかもしれない。そうすれば間違いなく、プロ野球のマウンドに立ついまの自分はいないだろう。

自分にはまだ足りないところがある――。

周囲にレベルの高い仲間たちがいたからこそ、僕はずっと謙虚な気持ちを抱き続けることができた。僕はいまでも「松坂世代」の一員であることに感謝している。

THINK!

周囲のレベルは「高すぎる」くらいがいい

いい練習は「目的×習慣」でできている

04

PRACTICE

僕はもはやプロ野球選手としてはベテランの部類に入る。**いまからどんなに猛練習を積んでも、150キロ超の剛速球を投げられるようにはならない**だろう。野球選手として今後の肉体的な成長は、なかなか期待できないかもしれない。

もちろん、「もっとレベルアップするぞ」「少しでもうまくなりたい！」という気持ちは、いつも忘れていないつもりだ。

しかし、肉体的な衰えを感じる場面は少なからずあるし、以前なら無意識に使えていた細かな筋肉が、動きづらくもなっていると思う。

筋肉の弾性や柔軟性も少しずつ落ちているはずなので、ケガをするリスクが高まってきているのも事実だ。

他方で、そういうわずかな衰えを感じることがあっても、ピッチャーとしてのトータルの能力で考えれば、まだ現役を続けられる手応えはある。

それに、同年代の投手と比べた場合、年齢の衰えには抗《あらが》い続けているほうだという自負もある。

僕はプロ入り3、4年目のころから、「10年後の自分」を意識したトレーニングを積んできた。とくに神経系の働きや筋肉の柔軟性には、人一倍気を遣ってきたつもりだ。プロ17年目の2019シーズンもマウンドに立てたのは、そのおかげだろう。

練習において、まずいちばん大切なのは「目的をはっきりさせること」だ。

いま自分がやっている練習は、自分の能力をアップさせるためなのか。

それとも、現状のコンディションを維持するためなのか。

または、将来的な備えなのか。

ランニングにしても、フィジカルトレーニングにしても、シャドーピッチングにしても、ブルペンでの投球にしても、「狙い」が何なのかによって、練習の意味合いは大きく違ってくる。

何万回・何万時間にわたって練習しようと、「何のための練習なのか」が明確になっていなければ、前に進むことはできない。

「そうは言っても、練習がイヤになることはないんですか？」

そんな質問をされることもときどきあるが、そもそもプロ野球選手と練習は切っても切り離せないものだ。

現役選手を続けるかぎり、練習は「毎日やり続けるのが当たり前」のことと言ってもいいだろう。

これはみなさんがふだんから意識せずに行っている「日課」と同じである。

朝に起床して顔を洗う。

食事をして歯磨きをしてお風呂に入る。

自転車で学校に通う。電車に乗って会社に行く。

眠る前に読書をする。

僕の場合、日々のそういった日課のなかに、たまたま「練習」が入っているようなイメージである。

洗面所に立つたびに「うわっ!!　また歯を磨くのか……」と身がまえる人は、まずいないだろう。

僕の練習に対する意識も同様だ。

「うぁっ!!　今日は肩のトレーニングなんだ……」とはならない。

「今日は肩のトレーニングね」「明日は体幹か」と思うだけ。淡々としたものである。

僕のなかでは、練習はそんなふうに「習慣化」されている。

しかし、そうだからこそ注意が必要だ。

いくら練習を習慣化できたとしても、ただ漫然として取り組んでしまっては、意味が失われるからだ。歯磨きのような「日課」でありながら、同時に、その「目的」をたえず意識する。

いい練習とは「目的×習慣」によって成り立つと言ってもいい。

どちらが欠けても、練習の効果は小さくなってしまう。

だから、僕が日々やっている練習も、狙いに応じてその内容はさまざまだ。

ウエイトトレーニングに代表されるフィジカル面を鍛えるための練習。

THINK!

執拗《しつよう》に目的を考え、淡々と身体を動かす

ブルペンでの投球など技術を磨くための練習。

ほかにメンタルトレーニングもあるし、大きく言えば、対戦相手のデータを分析したり研究したりすることも、練習の一環ととらえられなくもない。

それらすべての練習に共通して言える大切なポイントは、**「どんな目的で、このメニューを行っているのか」をつねに思い出すこと**だ。

毎食後に歯磨きをしても、雑にやっていたら虫歯になることもあるだろう。同じように、いくら単調なメニューだとしても、別の考え事をしながら練習をやっていたら効果は期待できない。

「練習はウソをつかない」は、少しだけ間違っている

05
PRACTICE

僕は日々の練習を習慣化している。

しかし長いシーズン中、つねに一定のコンディションでプレーし続けるのは難しい。

僕にも「今日はなんだかダルいな……」と思う日はもちろんある。

そういう日に僕がどうやって気分を盛り上げて練習に臨《のぞ》んでいるのか……自分なりに分析してみると、僕の練習へのモチベーションは、主に「2つの要素」に支えられていると言えそうだ。


その1つめの要素は、**成功体験による喜びの感情**だ。

大学時代に僕は、当時のトレーナーとともに球速アップのために投球フォームの改造に取り組んだ。その結果、120キロ台だった最高球速が、わずか2カ月後には140キロ超までアップ。


自分でもいまだに信じられないような成長の仕方だったと思う。

当時は練習すること自体が面白くて仕方なかった。何しろ、やればやっただけ、すぐに結果となってあらわれるのだ。

○大学1年の夏にフォーム改造に着手して、すぐに球速がアップ

↓

○1年の秋季リーグ戦で、その球速のボールを投げ続けるスタミナがないことに気づき、冬場に走り込む

↓

○するとスタミナがついただけでなく、相乗効果で球速がさらにアップ

↓

○練習メニューを楽に感じるようになったら、さらにハードなメニューに移行

こんな具合に練習を重ねていった結果、3年生の秋季リーグ戦が終わるころには、**もともとネガティブな性格だった僕が、「もう大学生相手には打たれる気がしない」という自信を得るまでになった。**

いまから振り返ると、このときの経験が、以降の野球人生を大きく変えてくれたと思う。

練習をすれば自分でも成長できるんだ――「練習はウソをつかない」というスポーツ界の格言を身をもって実感できた貴重な体験だった。

ただ、1つだけ注文をつけるなら、「練習はウソをつかない」という言葉は少しだけ間違っているのではないかと思う。

大学時代よりも前だって、自分なりには努力していたつもりだ。決してサボっていたわけではない。しかし、結果だけがついてこなかった。

大学時代に僕が成長できたのは、目的意識を持って「意味のある練習」をしたからにほかならない。

正しいやり方でなければ練習だってウソをつく。

正確には**「効果的な練習はウソをつかない」であるべき**ではないだろうか。

僕の練習へのモチベーションを支える2つめの要素は、**喪失に対する恐怖感**だ。

何度も繰り返すが、僕はもともと人並みの投手だった。しかし、大学時代に優れたトレーナーと出会い、大きく成長を遂げることができた。

僕だけの力では絶対に無理なことだったと思う。自分では発掘できなかった潜在能力を、100%近くまで引き出すのを手伝ってもらった、と言えばわかりやすいだろうか。

「プロ野球選手・和田毅」という存在は、そうやって人為《じんい》的につくり上げた〝作品〟なのだ。

まっさらで何もない地面に、「練習」という材料をあとから積み上げて完成させていった「人工物」なのだ。

この点が、大半のほかのプロ野球選手と僕との決定的な違いなのではないかと思う。もちろん、僕以外の選手が練習をしていないと言うつもりはないし、むしろ、血のにじむような努力をしている選手がたくさんいることは承知している。

しかし、「人並みの野球少年」だった僕からすれば、プロ野球界とは「とんでもない天然物」がゴロゴロとしている場所に思えてならないのだ。

だから僕はつねに「もし練習で手を抜いたら、その築き上げた作品が、まるで魔法が解けるように一気に消えてなくなってしまうのではないか」という恐怖心を抱いている。

天性の才能に溢れるほかのプロ野球選手たちにとって、これは理解しがたい感覚かもしれない。

「プロ野球選手・和田毅」という存在であり続けるために、その恐怖と戦いながら僕は毎日、練習に臨んでいるのだ。


THINK!

やり方を間違えれば、練習だってウソをつく

不器用さは、長所にできる

06

PRACTICE

プロ野球の世界には、僕とは真逆の「天性の才能に恵まれた選手」が何人もいる。

同い年であり、かつてのチームメイトでもある新垣渚は、そんな天才的プレーヤーの典型だった。

150キロを超すストレートと、鋭く変化するスライダーは、誰にも真似できない彼だけの武器だった。

いったいどういう感覚で投げれば、ボールがあんなに変化するのか……興味があった僕は、ある日、渚にスライダーの投げ方を聞いたことがある。

いまでも忘れないが、彼の答えは僕にとって衝撃そのものだった——。

「なんだツヨシ、そんなことか……。こうやって握って、エイ！ってひねるんだよ」

そう言って彼は、ボールを持ちながら、手首をひねって見せてくれた。

「あぁ……これは自分には真似できないレベルの話だ……」というのが、そのときの正直な感想だ。

プロ野球界には、「ボールを指で挟んで投げてみたらフォークボールになった」とか、「いきなり試合で新しい変化球を試した」という天才の逸話がそこら中にゴロゴロしている。

しかし僕の場合、スライダーを習得する際にも、自分で納得できる変化をさせるまでに2カ月はかかったし、チェンジアップに至っては、試合で使えるようになるまでに1年間の地道な練習期間を要した。

僕はほかのプロのピッチャーたちに比べて、フィジカル面で劣るだけでなく、「器用さ」の点でも及ばないのだ。

センスだけで簡単に変化球を投げられるような天性の器用さについては、正直なところ、「スゴい！」「うらやましい！」と感じる。

しかし一方で、**コツコツと地道な作業の末に身につけた技術こそ、本当の意味で自分のものになる**という実感もある。

これは負け惜しみでもなんでもなく、素直にそう思っていることだ。

まっさらな土地に練習という素材で〝作品〟をつくり上げる、という話をしたが、たとえ時間はかかっても、材料を1つずつ堅実に積み重ねていってでき上がった土台は頑丈で長持ちする。

一方、**センスだけで築かれている土台は脆《もろ》くて崩れやすい**。

つまり、瞬間的に技術をマスターできたとしても、いったん調子を崩してしまうとなかなか修正がきかない場合が多いのだ。

それに僕は、練習という素材を1つずつ積み上げていくあいだに、天才型の選手に比べて数多くの「失敗」を経験してきた。

それは言い換えれば、それだけ数多くの「アドバイスの引き出し」を持っていることと同義でもある。

いまの僕なら、後輩から投球動作に関する質問を受けても、それなりのアドバイスをすることはできると思っている。

コツコツと地道な練習で身につけた技術にこそ価値があるのだ。
不器用さは、僕のプロ野球選手としての数少ない長所の1つだろう。

THINK!

「地道に身につけたこと」は「再現」できる

不調は必ず来る、だから練習する

07

PRACTICE

野球の練習とは、基本的に野球がうまくなるためにするものだ。

しかし、プロ野球選手の場合、事情は少し違ってくる。

もっとスタミナをつけるために徹底的に走り込む。新しい変化球をマスターする。そういった「成長のための練習」は、大まかに言えばシーズンオフからキャンプの時期に行うのが一般的だろう。

他方、約7カ月に及ぶシーズンがはじまると、とくに一軍の選手は、自分の体調や技術の「維持」のために練習時間を割《さ》くケースが多くなる。

僕らのような先発ピッチャーであれば、基本的に1週間に1度の割合でマウンドに上がることになるので、登板日以外の練習は「次の登板のための調整」に費やすことになる。

このようにはっきりと切り替えができればいいのだが、なかなかそう簡単にもいかない。長いシーズン中には、身体に疲れが溜まってきたりして体調にも「波」が現れるからだ。

当然、それに伴って野球のパフォーマンスにもブレが出てくる。

僕らピッチャーにとっていちばん厄介な「ブレ」と言えば、具体的には「投球フォーム」に生じる微妙な変化だろう。

自分ではいつもと同じ感覚で投げて、同じフォームで投球できていると思っていても、実際はふだんのフォームとは違っている、というケースはままある。

そういうとき、どのように「修正」していくのか……これがなかなかひと筋縄ではいかないものなのだ。

「映像でフォームの違いをチェックして、たとえば腕の位置が少し下がっていたら、次からは腕を少し上げるように意識して投げれば、簡単に修正できるのでは？」

多くの方はそんなふうに想像するかもしれない。

しかし、下がっている腕の位置を、上げた状態に……つまり、ふだんの正しい動作に戻すのは、言うほど簡単なことではない。

何しろ、自分ではふだんどおりに投げていると思っていても、知らないうちに腕の位置が下がってしまっているのだ。無理やりに腕を上げようとして投げたら、逆に投球フォーム全体がもっと崩れてしまうことだってある。投球フォームというのは、それほど繊細なものなのだ。

では、僕はどうやって投球フォームの修正を行っているか。

これを具体的に説明してみたいと思う。

僕は、**自分の投球フォームのなかで「チェックすべき重要なポイント」をいくつか設けている。**

仮にそのステップが「10個」あるとしよう。その投球フォームのなかの重要ポイントは、ステップ①ができたらステップ②、ステップ②ができたらステップ③……と連動している。

プロのピッチャーなら、つねにステップ⑩までできた状態でマウンドに上がらなければならない。

しかし、シーズン中には、それができていないときがあるわけだ。
そのとき僕は、**最初からステップを踏み直して、その原因を探る。**

「ピッチングフォームがしっくりこないな……。ステップ①はどうか？」
↓
「よし！　できているな」
↓
「じゃあ、②はどうだろう？」
↓
「うん、大丈夫そうだな……」
↓
「次の③は……？」

そうやってたどっていくと、「あっ！　ステップ⑤ができてないじゃないか！」という原因に突き当たる。そして、「じゃあ、ステップ⑤の練習をしっかりやろう」と修正していくのである。

THINK!

「できる!」で放置せず、「できる理由」を分解しておく

僕はさまざまな試行錯誤を繰り返しながら、このような投球フォームの「修正ポイント」をつくり上げてきた。

大学時代にゼロから投球フォームをつくり直したとき以来、プロに入ってからもそれを磨き続けている。

その過程で多くの失敗を繰り返したからこそ、自分なりの修正ポイントを把握できたわけだ。

「飛び抜けたセンス」を持った人の危うさ

PRACTICE 08

たとえば世のなかには、材料さえあれば感覚的な目分量だけで、おいしいケーキをつくれるセンスのある人がいる。

対して僕は、何もできない状態からレシピをしっかり覚えてケーキをつくれるようになったタイプだ。

両者のうち、どちらになりたいかと聞かれれば、多くの人は「前者」を選ぶのではないだろうか。

ただ、同じようにケーキをつくったつもりでも、でき上がったときにいつもと味が違ってしまった場合のことを考えてみてほしい。

このとき、目分量でケーキがつくれてしまう人は、困ることにはならないだろうか。

単純に言えば、**「どこで間違えているのか」を発見する術《すべ》がその人にはない**からだ。

もちろん、飛び抜けたセンスがあれば、そこに新たな材料を加えたりしてもっとおいしくする工夫ができるのかもしれない。

しかし、厳密に言えば、それは「いつものおいしさ」とは違うだろう。

つまり、**安定感に欠けてしまう**わけだ。

一方、僕には「レシピ」がある。

じっくりケーキづくりの作業工程を振り返れば、「あ、砂糖の量が少なかったんだ」とか、「ここでかき混ぜ方が足りなかったのか」と、間違いに気づくことができるのだ。

実際、日々の投球フォームの修正は、かなり複雑な作業で、チェックポイント⑩ができない原因が⑤にあり、その⑤ができない原因が②にあったりする場合もある。腕が下がっている本当の原因が、下半身の動作にあったりするケースもよくあることだ。

プロのピッチャーやコーチでも、投球フォームが崩れている本当の原因をすぐに発見するのは難しいだろう。

だが僕は、自分の投球フォームの修正ポイントを1つずつ確認しながら原因を探ることができる。

段階を踏んだ修正ができることは、「安定した結果」が求められるプロにとっては大きな武器になる。

圧倒的なセンスがあって、次々と「新作ケーキ」を発表できるケーキ職人はたしかにすばらしい。しかし、ケーキ屋さんを長く経営していこうと思ったら、「常連さんに愛される味」を保つことも欠かせない。

毎年のように新しいケーキを生み出すけれども、ケーキがおいしいときとそうでないときの差が激しいお店は、経営的にもなかなか難しいだろう。

このような「レシピ」の考え方は、他人にアドバイスをするシーンを考えてみても、非常に役に立つように思う。

僕はオフになると毎年のように少年野球教室を開催するが、そこでは子どもたちに「もっと腕を上げたほうがいいよ」とか「少しひじが下がっているよ」という直接的なアドバイスはしないように心がけている。

自分でも経験があるが、周囲から一度言われれば、たとえ子どもであっても、投げるときに自分の腕が下がり気味かどうかはだいたいわかる。でも、具体的にその「上げ方」がわからない。

つまり、**「どこか手前のステップ」でつまずいている**わけだ。

だから僕は、「ほら、ここに力が入りすぎているから腕を上げにくいんだよ」とか、「腕を遠くに出すように意識すれば、自然と肘は上がるよ」というように、「原因を含めた修正」のアドバイスを送るようにしている。

何かミスを犯したり間違ったりしたとき、そのことだけを直そうとしても、なかなかうまくいかない場合が多い。

せっかく直してもすぐに同じミスを繰り返してしまったり、直すことに意識を持っていかれすぎてしまうために、別の間違いを犯してしまったり……。

間違いの原因を遡《さかのぼ》って究明し、その箇所を修正してこそ、本当の意味での問題解決につながるのだ。

THINK!

問題が起きたら、「その手前」に目を向けてみる

第2章

「勝つ」ために考え抜く

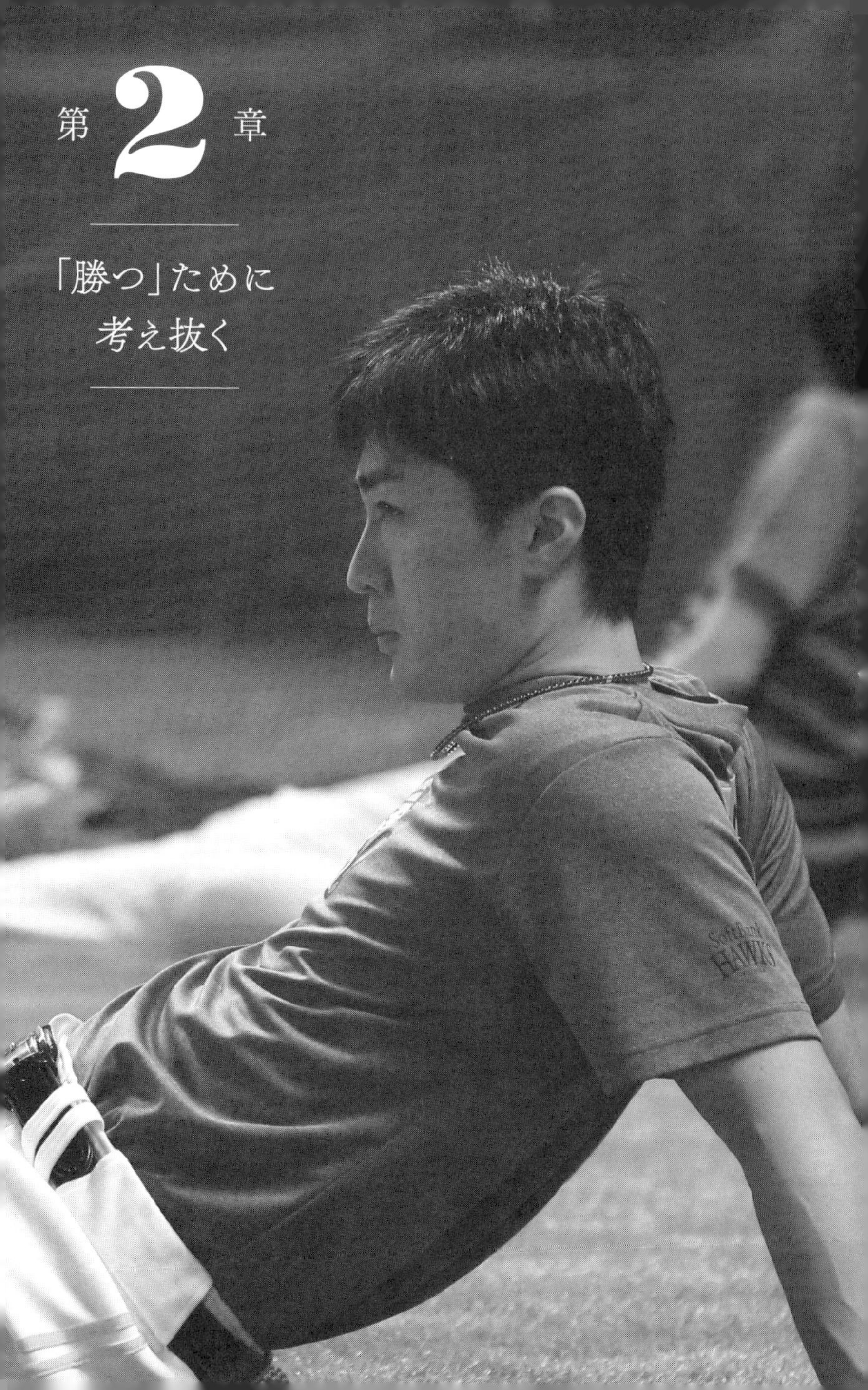

こだわりを捨てた「自然体」がいちばん強い

09

PRACTICE

僕たちプロにとっては、シーズン中の日々の調整、つまり、「野球以外のふだんの生活をどう過ごすか」もかなり重要になってくる。

僕は20代のころ、いわゆる四六時中野球のことだけに集中するタイプで、生活のすべてを野球に捧げるのが正しいと信じて疑わなかった。

「勝つために必要なことは何か」――それだけをつねに求めて生きていたわけだ。

試合に集中するため、登板の前日と当日は極力、人としゃべらないようにしていた。

睡眠が大切だという話を聞いて、オーダーメイドのマイ枕をつくったこともある。

眠る直前にベッドのなかで、その日を振り返る時間をつくるために、寝室も家族とは別にしていた。

もちろん、登板日の行動も決まっていた。

球場に入ってからは、まずシャワー。そこから、どのタイミングでユニフォームを着るかまで、分単位であらかじめルーティンの行動を決めてあった。

それからこれは、ジンクスの部類に属するのかもしれないが、自分の勝ち星が続いているかぎり、球場への道順を変えることもなかった。

いずれも、試合での集中力を高めたり、勝利の結果を出したりするためだったが、**ある時期から僕は、この「極端な考え方」を改めるようになる。**

きっかけはアメリカでの体験だった。

野球ファンの方ならご存知だと思うが、僕は2012年、31歳のときにメジャーリーグ移籍を果たした。

しかし、渡米後すぐに肘を故障してしまい、そのリハビリ期間を含めて、長い時間をマイナーリーグで過ごすことになる。

そのとき目にした光景は、当時の僕にはとても新鮮に映った。

マイナーリーグのロッカールームには、かつての僕のように細かいことに神経をとがらせるような選手は1人もいなかったのだ。

彼らはとにかく自由だった。じっと様子を観察していると、彼らがなぜ細かいことを気にしないのかがわかってきた。

マイナーリーグの選手たちは、いつどんなタイミングでメジャーチームからコールアップがかかるかわからない。すぐに対応するためには、**「勝つためのルーティン」なんかにとらわれている時間はない**のだ。

彼らは勝つことに関心がないのではない。むしろ、勝つことだけにこだわりを持っているからこそ、それに関係のない「こだわり」はすべて投げ捨てられるのだ。

たとえば、日本なら毎試合前に、きれいに洗ってアイロンをかけたユニフォームがロッカールームに準備されているのがふつうだ。また、アンダーシャツ、アンダーソックスもきれいに畳まれている。

しかし、マイナーリーグでは、「あ、これは洗濯に失敗したな……」とひと目でわかるほど、しわしわになったユニフォームが用意されていることもあった。

アンダーソックスが片方ないなんてことも珍しくない。そんなときはランドリールームから適当に自分で見つけてきて、もし長さが違えば、ハサミで切って調節したりする。

日本にいたころの僕は、登板日には、練習用と試合用のアンダーシャツとアンダーソックスを別々に用意するほどこだわっていたので、本当に衝撃的な世界だった。

また、日本球界には、フライを打ち上げたくないバッターが、食事で揚げ物（フライ）を避けるというジンクスもあったりする。アメリカ人にすれば、ＦＬＹ（飛球）とＦＲＹ（揚げる）は別の単語だから当たり前なのだが（笑）、彼らは試合前にもおかまいなしにフライドチキンを食べまくる。

そういう環境に長くいると、それまでの自分の考え方がいかに無駄が多く疲れるものだったかに気づくようになった。

そして、勝つために本当に必要なことは何かを、改めて考えるようになった。

２０１６年に日本球界に復帰してからは、僕は私生活で何かにこだわることをあえてやめるようにした。

マイ枕や、試合前に音楽を聞いて集中することなど、自分に負担のかからない範囲で「これは必要だな」と思えることだけを残して、あとは自分の過ごしやすさを優先的に考えるようにしたのだ。

そうやって余計なことを考えることがなくなった現在のほうが、「本当に必要な練習」にフォーカスできているし、野球選手としての大前提である「野球を楽しむ」という姿勢を維持できるようになったと思う。

プロ野球選手として「勝ち」を追い求めるのは当然だ。

しかし、そのためにおかしな「こだわり」を持ってしまうと、逆効果になる。

そして何より、**「自然体」になった現在のほうが、精神的に強くなった**ように感じる。

どういうバランスでこだわるのがいいのか……それは人それぞれだろうし、最終的な答えは、僕がいざ引退するというときに、現役生活を振り返って初めてはっきりすることなのかもしれない。

ただ、僕は「以前の自分」よりも「現在の自分」のほうが好きなことだけはたしかだ。

THINK!

「無駄なルーティン」にとらわれていないかを振り返ろう

トラックマンのデータが「練習」を激変させた

10

PRACTICE

「野球は数字のスポーツ」と言われる。

打率・打点・防御率・奪三振数……選手がプレーした結果が数値として表され、その積み重ねがデータとなるわけだ。

このデータが、近年の野球で非常に重要視されていることは、野球ファンの方であればきっとご存じだろう。

プロ野球選手のなかには、データにそれほど重きを置かない感覚派もいるが、**僕はどちらかと言えば、データを重用しているほう**だと思う。

試合の前には必ず、相手チーム――僕の場合はピッチャーなので、相手打者・打線――のデータを頭に入れて試合に臨むようにしている。

「このバッターは初球からスイングしてこなさそうだ」

「このバッターには前回、このカウントでこの球種を打たれた」

「最近の5試合で調子がいいのは、このバッターだ」

スコアラーからもたらされるデータをもとに、試合ではキャッチャーが配球を組み立ててくれるが、僕もピッチャーの立場として一応、ある程度のデータは事前に見ておくようにしている。

これまで日本の野球で「データの解析」というと、そうやって相手の〝傾向〟を把握するのに活用されるケースがほとんどだった。

試合に向けての準備という意味では、その作業も「練習」の範疇《はんちゅう》にあると言えるだろう。

しかし、最近は、**日々の練習そのものに直接役立つようなデータも存在する。**

それが現在、日本球界に導入されつつある「トラックマン」という弾道測定器で計測される数値だ。

トラックマンでは、ボールがどういう動きをしながら、どういう移動速度で、どういう軌道をたどったのかが計測される。

ピッチャーに関連するデータで言えば、球速はもちろん、ボールの回転速度や回転軸の方向がわかるし、ボールのリリースポイント（指先からボールを放す位置）を三次元軸上で知ることもできるのだ。

これまでは、リリースポイントがバッター寄りのピッチャーは、「球持ちがいい」という感覚的な言葉で表現されてきた。

しかしトラックマンを使えば、それが具体的な数値で示される。「ボールのキレ」と表現されてきた要素も、ボールの回転速度や回転軸の方向で説明できる。

何しろいままでは、ピッチャーの投げるボールを客観的に表す指標は、スピードガンで計測される「球速」しかなかったのだ。

新しい変化球をマスターしようと練習を重ねたとき、「よくなってきているな……」という自分なりの感覚はもちろんあるが、それをたしかめる術はなかった。

捕球してくれるキャッチャーが「よくなっているよ!」と言ってくれたとしても、具体的にどうよくなっているのか、言葉で説明するのは難しかった。

その**「感覚」の部分がデータとして可視化されるわけだから、こんなに助かることはない**だろう。

THINK!

データを「自分の鏡」として使う

たとえば、それぞれの変化球を分析していくと、「回転軸がこうなったほうが変化幅が大きくなる」といった一定の基準が見えてくる。

トラックマンのデータがあれば、ピッチャーは自分で工夫しながら回転軸の傾きを調整し、自分が理想とする変化球に近づける練習ができるというわけだ。

選手の立場からすれば、「練習でデータを利用できる環境」の出現は、本当に画期的な出来事だと思う。

少なくとも、僕のような考え方で練習をしているプレーヤーにとっては、大きな可能性を秘めていることは間違いない。

データは「縦の比較」と「横の比較」を使い分ける

11

PRACTICE

僕がトラックマンのデータに注目しはじめたのは２０１７年、肘の手術後のリハビリに励んでいた時期のことだ。

ホークスでは、福岡・筑後市にある二・三軍施設にもトラックマンが導入されていて、そこで計測されたデータに興味を持ったのがきっかけだった。

僕はトラックマンのデータを「縦の比較」と「横の比較」の2通りの方法で活用している。

「縦の比較」とは、「過去の自分」のデータと比べるやり方だ。

自分の持ち球……たとえばチェンジアップという変化球に関して、バッターを抑えたときのデータと、逆に打たれてしまったときのデータをそれぞれピックアップして、比較してみる。

すると、回転軸の方向が悪かったのか、リリースポイントの位置が悪かったのか、打たれた原因が浮き彫りになってくるわけだ。

そして、その原因を修正するよう心掛けながら練習し、できるだけいいチェンジアップを投げられる確率を上げていく。

さらに、そのいいチェンジアップを投げる感覚を身体に染み込ませる。

このように変化球の精度を上げる練習をするうえでは、トラックマンのデータは非常に有効だ。

また、たとえばある試合で6回に相手打線につかまってしまった場合、その「6回のデータ」と「5回までのデータ」を比べてみることもある。

「なるほど……6回から急にリリースポイントが低くなっていたのか」

「試合中は気づかなかったが、疲労が蓄積してきていたのかな」

こんな具合に、これまでには見えていなかった原因に気づくことができる。

原因がわかれば、「よし、次の試合では、中盤以降のリリースポイントにいつにも増して気を配ろう！」と対策を立てられるわけだ。

今後、もしこうした練習の仕方が、ピッチャー全体に広がっていけば、「試合前のブルペンでは調子がよかったのに、試合ではなぜか打ち込まれてしまった……」というようなケースは減っていくだろう。

調子がいいと感じていたのは、単に肉体的に疲れが溜まっていない状態だっただけで、じつは、投げているボール自体はよくはなかったということもあり得る。

もし、ブルペンでデータを計測できるようになれば、悪い数値が具体的に表示されるので、ピッチャーが「今日は好調だな」などと勘違いする機会は減るだろう。

それに、もしかしたら試合がはじまる前までに、ブルペンで修正できるかもしれない。

過去のよかったときの自分の投球……それを具体的な数値で知れることは、本当に貴重だと思う。

もう1つの活用方法である**「横の比較」とは、自分のデータを「ほかの選手」と比べるやり方だ。**

トラックマンは2014年、日本球界で初めて東北楽天ゴールデンイーグルスの本拠地に導入された。

そこから徐々に導入する球団が増え、現時点では広島東洋カープ以外の11球団のホームスタジアムに設置されている。

じつはトラックマンで計測されたデータは、これを導入している全球団で共有されている。つまり、自分やチームメイトのデータだけでなく、よその球団の選手のデータも参照することができるのだ。

だから僕は、トラックマンのデータを利用して、自分の数値と、ライバルチームのエースピッチャーの数値を比較したりしているのである。


たとえば、僕のスライダーをトラックマンで計測すると、ある別のサウスポー投手が投げるスライダーと「回転軸の方向」と「リリースポイントの位置」に関して、かなり似た数値データが出てきたことがあった。

彼が投げるスライダーは、当時の日本球界のサウスポーのスライダーとしては、最高水準にあると言ってよかった。

その最高のボールと似ているわけだから、「僕のスライダーも投げ方として間違ってはいないのかもしれない」と仮説を立てることができる(もちろん、回転数や球速の点では、彼のスライダーのほうが上回っていたので、結果的にはボールの軌道はかなり違ってくるわけだが)。

僕はじつのところ、この「横の比較」という地味な作業がかなり好きだ。

これまでは数々の名投手が投げるすばらしいボールを、外から見て単純に「スゴいな……」と感心するしかなかった。

しかし、データを比較すれば「そうか……この数値を伸ばせば、自分のボールもあのピッチャーの投球に近づくかもしれない!」と考えられる。

そうやって思いを巡らせ、実際にブルペンで工夫しながら仮説を検証していく作業は、ことのほか楽しい。

この考え方は、アマチュアの選手にとっても有益ではないだろうか。

たとえば高校生のピッチャーが自分のストレートと、楽天・則本昂大《のりもとたかひろ》投手のストレートの回転数の数値を比べてみた場合、その高校生がプロのトップレベルと自分の違いを数値で明確に把握できることには意味があるだろう。

そのほうが「自分もいつかあんなボールを投げられるようになりたい!」と深く実感できるはずだ。

THINK!

「スゴい!」を「数字」で掘り下げよう

自分と他者の「差」が明確になることを僕は肯定的にとらえている。

そうやって差が明確になれば、練習をする際の目標を設定しやすくなるし、「もっとがんばろう!」というモチベーションにもつながるからだ。

「感覚」を磨くために、「数字」を使いたおす

12

PRACTICE

最近のプロ野球界では、トラックマンによって計測されたデータの重要性が非常に増してきている。

だから各球団とも、データ分析室のような部署を新設して、その情報を解析するアナリストの人材の確保にも力を入れている。

ただ、そこにはクリアすべき問題もあるようだ。

データをさほど重視しない「感覚派の選手・コーチたち」と、「データ分析をするアナリストたち」とのコミュニケーションが、どうにもうまくいかないことがあるからだ。

アナリストの仕事は、計測された数値から必要な部分を抜き出し、傾向などを分析することだ。この仕事の能力には、野球のプレーの経験値が直接的に関係することはない。

しかし、そんな野球経験の乏しいアナリストに「この数値が……」と説明されると、感覚派の選手・コーチのなかには「データなんかで野球の何がわかるんだ⁉」という気持ちになってしまう人もいるのではないだろうか。

そうした衝突が起きてしまう場合、感覚派の選手やコーチには、「縦の比較」のデータを示せば納得してもらいやすいのではないかと僕は思う。

「過去のあなたと比較すると、この数値は伸びている」
「しかし、この数値は逆に下がっている」
「だから、こういう練習を増やしましょう」

こういう伝え方に変換すれば、職人的な感覚を大切にしている選手も、データを受け入れやすいのではないだろうか。

逆に「横の比較」、つまり、**ほかの選手のデータと比較する伝え方をしてしまうと、そのアドバイスは選手の心に届きづらくなる**だろう。

実際、データが投球のすべてを表しているわけではないし、2人のピッチャーを比較して、数値的に優れているほうが必ずしも結果を残すというわけでもない。繰り返しになるが、試合中の投球では、データ以外の要素が結果を大きく左右するからだ。

だから僕は、感覚派の選手を否定したりはしない。

プロ野球のグラウンドでは、コンマ数秒の瞬間的な動作や、数ミリの違いによって勝敗が分かれる繊細なプレーが繰り広げられている。

羅列された数値だけを眺め続けていても、決していいボールが投げられるわけではない。

ただ、**その感覚的な勝負を少しでも有利に進めるために、僕はデータの力を借りる**のだ。データには間違いなく、その力があると信じている。

データをしたたかに利用できる能力——これからの野球選手は、その面でも「練習」が求められていくようになっていくのかもしれない。


THINK!

数字に頼りすぎない。したたかに利用しよう

目の前のバッター「以外」のことを考える

13
PRACTICE

「ピッチャーは何を考えながら投球しているんですか？」

こんな質問を受けることがある。テレビ中継などでは、この部分はなかなか見えづらいようだ。

試合中のマウンドで僕が最も心掛けていることは、言うまでもなく「いかにして、その回の相手の攻撃を0点に抑えるか」である。

言い換えれば、「目の前のバッターを打ち取り、アウトを積み重ねること」が基本なのは間違いない。

しかし、ひとたび本番のゲームがはじまってしまえば、動き続ける試合状況のなかで、考え方を柔軟に切り替えていくことも必要になる。

「目の前のバッターを打ち取る」だけでは乗り切れない場面が出てくるわけだ。

たとえば、1点を争う試合で、2アウト・ランナー三塁のピンチを迎えた場合。

3アウトチェンジになるまでの、あと1つのアウトをどうやって奪うか……。

僕は打席に立つ「目の前のバッター」だけではなく、ネクストバッターズサークルに控える「次のバッター」のことも考慮している。

「目の前のバッターと次のバッターの個人的な能力差はどうだろう？」
「それぞれのバッターのその日の調子は？」
「過去の対戦データに基づく自分との相性は？」

それらを総合的に見たうえで、**どうすれば「残り1つのアウトを奪える確率」が高くなるのかを考える**わけだ。

もし、目の前のバッターより、次のバッターからのほうがアウトを奪いやすいという結論に至れば、目の前のバッターとの対戦では「フォアボール」という選択肢も出てくるだろう。

そうなると当然、キャッチャーの配球も変わってくる。

とはいえ、最初から勝負を避けるわけではない。

絶対に点を取られてはいけない場面なので、ストライクゾーンいっぱいの厳しいコースを突いていきながら、結果的に「ボール」が先行してフォアボールになるというケースも想定するのだ。

一般に「フォアボールを出すピッチャーはよくない」という見方があるが、一概にそうは言えないと思う。

もちろん、ストライクが入らない結果、バッターを一塁へ歩かせてしまうのは「悪いフォアボール」だ。しかし、「よいフォアボール」はないにしても、「やむを得ないフォアボール」はあると思う。


前述の状況でも、目の前の打者をフォアボールで歩かせ、2アウト・一三塁になってから、次の打者を打ち取れば、相手を0点に抑えたことには変わりない。

だとすれば、そのフォアボールにも意味があったと言えるのではないか。

ほかにも、たとえば1アウト・二塁で強打者を迎えた場合なら、そのバッターをフォアボールで歩かせて次のバッターをゲッツーに打ち取る、というパターンも考えられる。


実際の投球は、サインなどを通じたキャッチャーとの意思疎通のなかで決まっていくので、なかなか一概には言えない。

だが、**投手はただ単に捕手からのサインどおりにピッチングしているわけではない。**

相手の攻撃を0点に抑えるための最善策は何か？――僕はつねにそれを意識しながらマウンドに立っている。

そして、そのためには「目の前のバッターを打ち取り、アウトを積み重ねる」という基本だけでは十分ではないのだ。

THINK!

動き続ける状況のなかでは「正解」も変化する

「0点に抑える」は投手の仕事、「試合に勝つ」がチームの仕事

PRACTICE 14

僕がピッチャーとして最優先するのは「相手の攻撃を0点に抑えること」だ。すべての練習は、これを目的として行われると言ってもいい。

しかし、ゲームの運び次第では、この原則すら変更を迫られることがある。

たとえば、「1点なら与えてもいい」と考えるような場面。

3－0とリードした試合の終盤で、0アウト・二三塁のピンチを迎えたとしよう。ここで最悪のパターンは、次のバッターに3ランホームランを打たれて同点に追いつかれることだ。

だから、こういうときは「なんとか1失点、最悪でも2失点で切り抜けよう」というふうに、考え方を切り替える。

先ほど紹介した**「やむを得ないフォアボール」**にも通じる**「やむを得ない1失点」**である。

「最悪のパターンを避け、傷口を最小限にとどめる」という考え方は、ほかの場面にも通用する。

2点リードした試合の終盤……。たとえば7回に先頭バッターを歩かせ、次のバッターにヒットを打たれて、いきなり0アウト・一二塁のピンチに陥ったとしよう。

こういう局面でも、**ピッチャーとしての僕は「自分でピンチを切り抜けたい！」という気持ちを当然持っている。**

しかし、7回ともなれば、球数が100球を超えて、疲れが出はじめているかもしれない。こんなときにどうするか？

あくまでも一般論だが、プロ野球のチームには、「リードしている試合展開」で登板するリリーフピッチャーがいる。

いわゆる「勝利の方程式」と言われる継投策だ。

だとすると、ベンチはピッチャー交代の準備を開始しているだろう。

そんなときは「……もし交代になったとして、どんなかたちでリリーフピッチャーに引き継ぐのがベストだろうか？」というふうに、交代の可能性も念頭に置きながら、より慎重にピッチングを進めていくスタイルに切り替えるのだ。

「7回時点でチームがリードしている以上、ブルペンでは勝ちパターンのリリーフが準備しているはず……」

「しかし、もし逆転を許したら、違うピッチャーが登板することになるかもしれないな……」

「よし、シングルのタイムリーヒットで1点差に迫られることがあっても、長打での同点だけは避けよう」

そう考えて、次のバッターとの対戦に臨むこともある。

あるいは、こちらが1アウトも奪えないまま、イニング冒頭から投球が乱れてしまった場合、リリーフピッチャーのブルペンでの準備時間が不足することにもなりかねない。そうなると、チーム全体にとってもマイナスに作用してしまう。

そこで、あえて牽制球を多くしたりして、ルールの範囲内で時間稼ぎをする場合もある。

僕自身もピッチャーなので「自分で最後まで投げ切りたい！」という思いは、もちろん心のなかに強く強く持っている。実際、「自分で3アウトを取り、相手の攻撃を

「0点に抑えてみせる！」という気持ちはどんなときも忘れていないつもりだ。

しかし、**チームにとっての至上命題は「試合に勝つこと」「負けないこと」**である。

そのためには、僕が1点をとられることすらも、やはり選択肢の1つとして考えないわけにはいかないのだ。

THINK!

どんな練習も、究極の目的は「チームの勝利」

第3章

「心」を磨き、覚悟を固める

「中途半端な緊張」がいちばんよくない

15

PRACTICE

前章で語ったように、僕はマウンド上でいろいろと考えを巡らせている。

ほかのピッチャーも僕と同じように考えているのかはわからないし、若い世代のプレーヤーたちにこのスタイルを押しつける気はまったくない。

ただ、僕がなぜそこまで粘り強く考えようとするのかを振り返ると、根本には僕の負けず嫌いな性格が大きな役割を果たしているように思う。

「負けず嫌い」といっても、僕が言いたいのは「目標とする選手やライバルに何がなんでも勝ちたい！」という気持ちとは違う。

自分も含めたすべてのことに、文字どおり「負けたくない」「諦めたくない」という感情をいつも持っているということだ。

だからこそ、**プロ生活17年を経たいまでも、僕は先発のマウンドに向かう前には毎回のように「緊張感」に襲われる。**

それは、たとえば大観衆の前に身を晒《さら》した際の恥ずかしさを伴った緊張感とは少し違う。

高揚感と恐怖感が混じり合ったような独特な感覚――。武者震いに通じる心の状態と言えばわかりやすいだろうか。

僕はこの試合前に訪れる緊張感に対して、「抑えつける」のではなく、「逆らわない」ことを意識している。

経験則から言って、試合前に「緊張しないように」と意識すればするほど、試合本番ではすごく緊張して失敗するケースが多いからだ。

だからこそ僕の場合は、そのときの流れに任せて、**試合前にできるかぎり〝緊張し切って〟しまうようにしているのだ。**

そうすると、試合が始まったときには開き直ることができ、うまく緊張感を解放できる。

これは「考えることを諦める」のとは違う。

「もう、どうとでもなれ！」と自暴自棄になった状態で、いい投球をするのは（僕の性格もあるのかもしれないが）かなり難しいだろう。

考えることを放棄したら、自分に負けてしまったように僕には思える。

THINK!

極限まで緊張して、開き直ってしまおう

「考えること」は「緊張」と切り離せない。

ベテランと言われる年齢になった僕が、いまだに緊張を覚えるのは、僕が考えずにはいられないプレーヤーだからだろう。そうなのだとすれば仕方がない。

僕はこれからも思う存分に緊張し、場合によっては、それを「味方につけて」いくしかないのだろう。

PRACTICE

16

プロ1年目の日本シリーズ、マウンドで味わった「パニック」

投手にもいろいろなタイプがいるが、僕以外にも多くの先発ピッチャーが、試合前には緊張を感じるようだ。とくに先発は、「試合の立ち上がり」がうまくいくかどうかで、ゲームの結果そのものが大きく左右されることも影響しているのかもしれない。

とはいえ、通常の試合なら、この緊張感はうまくいけばプレーボール前には解消される。そうでない場合にも、最初の1アウトを奪ったタイミングとか、1回を抑えたタイミングで自然と消えてくれるのがふつうだ。

ただ、ごく稀に、緊張感が解けないまま試合が進んでしまう場合もある。

プロ野球ファンの方であれば、試合序盤でノックアウトされた若いピッチャーが、試合後にこんなコメントをしている光景を目にしたことがあるはずだ。

「よく覚えていません。わけがわからないうちに打たれてしまいました」

この「わけがわからない」という感覚は本当だ。

これはほとんどの場合、試合前の緊張感が解けないまま登板を続けてしまったことが原因ではないかと思う。
ピッチャーは試合中に一種のパニック状態に陥る可能性があるという点で、ほかのポジションとは決定的に異なっているとも言えるだろう。

何を隠そう、僕にもプロ入り後のキャリアのなかで、**極限の緊張感に襲われた試合が2つだけある。**

1試合めは、プロ1年目の2003年、阪神タイガースとの日本シリーズ第7戦。もう1試合は、翌2004年、アテネ五輪3位決定戦のカナダ戦の先発マウンドだ。

とくに、日本シリーズでの緊張具合はひどいものだった。
フワフワ浮いているような、まるで自分の身体ではないような感覚に見舞われ、ピッチング内容も断片的にしか記憶していない。
いまから振り返れば、ルーキーピッチャーが、日本一を決める大舞台の先発を任されたのだから、緊張して当たり前なのだが、当時は目の前のことに精いっぱいで、完全なパニック状態に陥ってしまった。

僕は1回表のマウンドから、いきなりピンチを迎える。

先頭打者の今岡誠(現・真訪)さんにセンター前ヒットを打たれ、続く2番の赤星憲広さんの送りバント処理を僕が誤ってしまい、ノーアウト・一二塁の窮地に陥った。

打席に迎えるのは、第3戦でホームランを打たれている3番の金本知憲さん。

プレーボールから1アウトも奪えないまま、内野手陣がマウンドの周りに集まった。

これは、当時、キャッチャーだった城島健司さんから試合後に聞いた話なのだが、**マウンド上で城島さんから「大丈夫か?」と声をかけられた僕は、青白い顔をしながらこう答えたそうだ(笑)**。


「大丈夫じゃないです……」


このあと、金本さんをなんとか抑え、4番の桧山進次郎さんをゲッツーに打ち取ってピンチを脱したことはギリギリ思い出せるものの、城島さんとの会話や、内野手陣からかけられた言葉は、まったく何も憶えていない。

通常のレギュラーシーズンの試合だったら、このタイミングで緊張は収まっただろうが、このときはそうはならなかった。2回以降も、「ストライクが入るかな……」「大丈夫かな……」と思いながら投球を続けた。

ようやく緊張感から解放されたのは、5回表の投球を終えてから。

5回表にソロホームランを打たれたが、5イニングスを投げて、その1失点だけで切り抜けたことで、「ああ、最低限の仕事はできた」と安堵して心が少し楽になったのだ。

そして、**「これでいつ崩れても、リリーフの先輩たちにカバーしてもらえる。よし、行けるところまで行ってみよう！」**と吹っ切れた気持ちになれた。

6回からは、それまでがウソのように身体が軽く感じられ、自分本来のピッチングができた。

結局、僕は9回まで投げ抜き、2失点の完投勝利。チームは日本一の座に輝くことができた。

試合序盤は、いつ降板してもおかしくないようなピッチング内容だったのに、プロ入り1年目にして胴上げ投手にまでなれたのだから自分でも不思議に思う。

また、2004年、アテネ五輪3位決定戦での緊張感も忘れられない。

金メダルしか期待されていなかったチームが、準決勝のオーストラリア戦で0－1のまさかの惜敗《せきはい》。

チーム全体に停滞感が漂うなか、銅メダルだけは何が何でも日本へ持って帰らなければならない状況だった。「日の丸の重み」を心の底から感じた試合でもある。

2012年、僕はかねてから憧れていたメジャーリーグに挑戦するために海を渡った。

しかし前述のとおり、スプリングトレーニング中に肘を故障してしまった。

そこからリハビリとマイナーリーグ生活が続き、結局、憧れのメジャーのマウンドに立つまでに2年半の時間を要した。

その初めてのメジャーリーグでの登板で、まったく緊張しなかったと言えばウソになる。慣れない舞台での投球だったし、結果を出さねばならないというプレッシャーもたしかにあった。

しかし、その緊張感は、前述の2試合ほどではなかった。

THINK!

緊張してきたら、「過去最大の緊張」を思い出そう

プロ1年目と2年目のこの2試合で経験したことは、僕にとってそれくらい衝撃的な出来事だったのだ。

緊張感を解くための「開き直る」という手法は、これら2試合の経験から得られたものだと言ってもいい。

試合前にどんな緊張感に襲われても、僕は「あの2試合に比べれば、大したことないさ」と開き直れる。

だからいまは、試合前の緊張感を試合途中まで引きずるようなことはまずない。

熱狂した没頭より、クールで静かな集中

17

PRACTICE

そうは言っても、やはり緊張感は厄介な存在だ。

扱い方を間違えると、自分本来のピッチングができなくなってしまう。

ただ、**まったく緊張感がなくても困ってしまう**。

緊張感と集中力のあいだには、密接な関係があるからだ。

マウンド上でピッチャーが集中するというと、多くの方は「キャッチャーミットしか目に入らない」ような精神状態を想像するのではないだろうか。

しかし、少なくとも僕自身の感覚から言うと、実際にマウンド上で経験する「集中」の状態は、それとはかなり違っている。

僕の場合、マウンドで深く集中できているときには、まずスタンドからの声援やヤジが耳に入らなくなる。

視界はより広がる感じで、客観的に自分を見られるだけの冷静さが伴っている。

もちろん、マウンドに上がる前・降りたあとには声援は聞こえる。

だが、ひとたび集中状態に入れば、とても静かな世界にいるような感覚に襲われる。

なかでも不思議なのは、味方の内野手からの声のように「必要なこと」だけはちゃんと耳に届くという点だ。

逆に、**キャッチャーミットしか見えないような状態は、あまり好ましいとは言えない。**単に入り込みすぎて視野が狭くなってしまっている可能性が高いからだ。いわゆる「頭に血が上っている」という状態だ。

あくまでも僕の主観なのでたしかめようがないのだが、緊張感と集中力がちょうどいい配分で混ざり合ったときには、一般に「ゾーン」と言われているものにとても近い精神状態に入ることができる。

THINK!

「のめり込むこと」と「ゾーン状態」は似て非なるもの

ベテランになっても、「心」はまだ磨ける

18

PRACTICE

ベテランの部類に入る僕が、「肉体的な成長」についてはなかなか期待できなくなっているというのは、すでに語ったとおりだ。

もちろん「もっと野球がうまくなりたい！」という思いは変わらないが、それと同時に、「加齢による衰え」のスピードをいかに遅らせるかにも、同じくらいのエネルギーを注ぎ込まねばならない。

技術に関しても、シーズン中は現在の水準を「維持」することのほうに重きを置いているつもりだ。

だからといって、選手としての成長の余地がないということにはならない。

アスリートに大切な「心・技・体」の要素のうち、「体」と「技」以外にも、**まだ「心」に関しては大きな伸びしろが残されている**からだ。

以前に比べれば、試合前から試合中にかけての緊張感・集中力をかなりコントロールできるようにはなった。

しかし、両者を自由自在に操れるようなレベルに達しているかというと、まったくそんなことはない。

だから、緊張感と集中力のバランスはある程度、自然の流れのままに任せているのが現状だ。

だが、ひょっとすると、もっともっと「心」を磨いていけば、いまよりも「先の景色」が広がっているのかもしれないと思うことがある。

メンタル面での成長をもっと繰り返していけば、いずれは「ゾーン」のスイッチを自分でオンにできるようになったりするのかもしれない。

あるいは、そもそも「緊張感・集中力を〝コントロール〟しよう」という考え方自体が、本当は正しくないのだろうか。

試合前にあえて〝緊張し切って〟しまい、本番での集中力を高めるやり方は、根本的に間違っているのではないか。

むしろ、心を〝無〟にして投球するのがベストなのではないか。

最近はそんなふうにも考えはじめてもいる。

「僕の投球にはどこまでも〝考えること〟が欠かせないのだろうか？」
「それとも、いつか〝無の境地〟で投げられる日が来るのだろうか？」

いずれにしろ、これについてはまだ結論が出ていないし、いつか自分なりに「これが正解だ」と言えるようになるのかも僕にはわからない。

あるいは、自分の持つバッター攻略法すべてを駆使した挙句《あげく》、万策《ばんさく》尽きるようなことがあれば……？

しかも、それが日本一を決定する試合の9回裏2アウトフルベースフルカウントという究極の状況だったりすれば……？

こういう場面に出くわせば、さすがの僕も「どうにでもなれ！」という気持ちで、「無心」のまま最後の1球を投げられるのかもしれない。

しかし、逆の言い方をすれば、そこまで追い詰められでもしないかぎり、僕はマウンド上で「考えること」を放棄しないのだろう。

THINK!

「考える練習」が最終的な正解かは、僕にもわからない

いまのところ、**「考えることを諦めない心」は、僕の大切な武器**だと思っている。

だが同時に、「心を鍛えること」が、僕が残りのプロ野球人生で取り組むべき課題の1つであることだけは間違いない。

第4章

バッテリーの練習論

「指で交わす会話」が投手と捕手の醍醐味

19

PRACTICE

野球界ではよく、ピッチャーとキャッチャーのバッテリーの関係が「夫婦」にたとえられる。

キャッチャーが「女房役」などと言われるのもこのためだ。

そのたとえが適切なのかは僕にはよくわからないが、両者が密接な関係にあることだけは間違いないだろう。

試合中はもちろん、練習の一環である「試合への準備」の段階においても、僕にとって捕手の存在は欠かせない。

キャッチャーとの関係を築くうえで、僕がまず取り掛かるのは、自分のボールを知ってもらうことである。

「得意な球種は何か」

「真っ直ぐの力強さはどれくらいなのか」

「変化球のコントロールはどうなのか」

実際に投球を受けてもらい、僕のボールの特徴を知ってもらうことをいちばん大切にしている。

そういうリアルな情報がなければ、キャッチャーもリードするのに苦労するだろう。

たとえば、相手打者が「落ちるボールに弱い」というデータがあったとしても、投手がフォークボールを投げられなければ、そのデータの意味はなくなってしまう。

また、持ち球にフォークボールがあったとしても、その質によってリードの仕方も変わってくる。

決め球になるような鋭い落差があれば問題ないが、そこまで変化が大きくないピッチャーであれば、キャッチャーは「ストライクゾーンには入らないよう、低めに投げさせる」というように、攻め方を適宜アレンジしなければならない。


さらに、**ボールだけでなく、こちらの性格を知ってもらう必要もある。**


「僕がどういうふうにバッターを打ち取るのが好きなのか」

「どういう配球だと気分よく投げられるのか」

「逆に、どんなときには崩れやすいのか」

プロの優秀なキャッチャーというのは、そこまで把握したうえで配球を組み立てている。僕たち投手にとって、捕手がいかに欠かせない存在であるかもおわかりいただけると思う。

自分のボールの特性や、自分のキャラクターを知ってもらう作業は、だいたい毎年のキャンプ中に行っている。

僕は必ず、チーム内のすべてのキャッチャーとまんべんなくブルペンで組むようにして、少しでも多くのキャッチャーに僕の「ボール」と「性格」を知ってもらうようにしている。

開幕して公式戦が始まると、今度は「対バッター」の視点が重要になってくる。

「このバッターはこの組み立てで打ち取ろう」

「この球種を使えば、このバッターはツーストライクまで追い込みやすい」

登板前に僕はキャッチャーと、あらかじめ大まかな配球について打ち合わせをして準備しておく。

その事前打ち合わせがしっかりできていないと、試合中にキャッチャーが出すサインに対して「エッ⁉」と驚く回数が増えてしまう。

そもそも、僕はキャッチャーの出すサインに首を振るのはあまり好きではない。

投球のリズムがくるってしまうからだ。

逆に、自分の投げたいボールと、キャッチャーのサインが一致するとリズムに乗れる。

しかも、その一致したボール……たとえば外角低めのストレートで見逃し三振を奪えた場合は、ほかにたとえようのない爽快感が得られるのだ。

また、サインが一度で決まらない場合でも、キャッチャーがすぐに別のサインを出してくれるとやりやすい。

捕手「(あ、こっちでしたか?)」
投手「(そうそう! やっぱり、二択で迷ってたんだね)」

こんなふうにやり取りするのも楽しい。
そうやって「指」で会話できることがバッテリーの成熟の証だと言われたりもする。
この楽しさは、ピッチャーとキャッチャーならではの醍醐味《だいごみ》と言っていいだろう。

THINK!

「周囲に自分を知ってもらうこと」も大切な練習の1つ

打たれたら、投手の責任が100%

20

PRACTICE

あるバッテリーが打者にヒットを許した場合、日本球界やメディアでは「キャッチャーの責任」と評されることが多いように思う。

これは「捕手のリードが悪かったから、ヒットを打たれてしまった」という理屈だろう。

しかし、僕はそうは思わない。

そもそも、**プロのピッチャーがしかるべき投球をしていれば、バッターには打たれたりしないものだ**。

まずはそれが「大前提」なのだと僕は思っている。

それが打たれてしまうということは、やはりどこかに投球の甘さがあるということなのだ。

たとえキャッチャーのリードどおりのボールを投げたのだとしても、やはりボールにキレがなかったとか、バッターからボールが見えやすいフォームで投げてしまった、ということに打たれた原因があるはずだ。

そう考えると、むしろ、すべてはピッチャーの責任である。

少なくとも、僕はいつもそう考えるようにしている。

何より、キャッチャーの出したサインに僕自身が納得してから投球しているのだ。たとえ打たれてしまっても、「なぜ、あそこであんなサインを出したんだ！」などという不満は抱いたことがない。


他方、あくまでも僕個人の印象だが、アメリカのメジャーリーグでは、僕が考えているような関係性のなかでバッテリーを評価する風潮があった。

配球をリードをするのはもちろん捕手だが、打たれたときはあくまでも投手の責任だという考え方が一般的なのである。


捕手のサインに頷《うなず》いたのは、自分で納得した証――これが僕の基本スタンスだが、**まれに〝サインに納得しないまま〟投球する場合もある。**

それは若い捕手とバッテリーを組んだ場合だ。

僕らベテラン投手には、若手の捕手を育てるという役割も求められるからだ。

たとえば、2016年のシーズン、僕が登板する試合では、若手の山下斐紹《あやつぐ》(現・東北楽天ゴールデンイーグルス)がマスクをかぶる機会が多かった。

彼とバッテリーを組むにあたっては、首脳陣から「彼をうまくリードして育ててほしい」という明確なオーダーがあった。

「(僕ならここでこの球種は投げないかもしれないな……)」

「(この流れでこのコースに投げるのはちょっと危険じゃないかな……)」

もちろん試合展開にもよるが、点差にある程度の余裕がある場面では、こんなふうに思うことがあっても、あえてキャッチャーのサインどおりに投球するようにしていた。

そして実際に打たれてしまったときは、そのイニングが終わったあと、または試合後に一緒に反省会を開いたりもする。

「あの場面、前の打席と同じ攻め方でよかったのかな?」

「いくら苦手なコースでも、同じところに続けて投げるとやっぱり打ってくるね」

こんな具合だ。そうやって実戦のなかで配球を学んでいくことは、若手キャッチャーが成長していくうえでも、非常に大きな意味があると思う。

もちろん、逆に、先輩キャッチャーが若手ピッチャーを育てるという場合もある。

僕がプロ入りした2003年当時、ホークスでは26～27歳くらいだった城島健司さんがレギュラーマスクをかぶっていた。

プロ野球ファンのみなさんからすると、城島さんといえば〝豪快〟というイメージが強いのではないだろうか。

しかし実際のところ、城島さんはとても繊細で、じつに細かいところにまで気を遣ってくださる方だ。血液型占いを信じているわけではないが、わかりやすく言うと、城島さんは典型的な「A型タイプ」である。

城島さんは、当時ルーキーだった僕に「遠慮せずに、どんどんサインに首を振れ！」と言ってくれた。

「首を振ることで、お前の配球に対する考え方がわかる。だからオレに気を遣う必要なんてない。それに、本当に大事な場面ではオレは頑としてサインを変えないから……そのときはオレを信じて投げてきてくれ！」

包み込むような気遣いは、まだプロ野球の舞台での経験が少ない僕にとっては、本当にありがたかった。ルーキー時代の僕が投手として成長できたのは、最初に城島さんとバッテリーを組めたことが大きいと思う。

そして、その城島さんから教わったことを、今度は僕が若手キャッチャーたちに伝えなければならないとも感じている。

THINK!

相互の成長は、相互の「責任感」から生まれる

「捕手との相性」という考え方はしたくない

21

PRACTICE

「捕手にはどんなことを求めますか？」

こういう質問をされることもある。

少し技術的な話になるのをお許し願いたいが、**僕がキャッチャーに求めるのは、フレーミングとブロッキングのうまさ**だ。

フレーミングとは簡単に言えば、キャッチングテクニックのこと。

その技術に優れている捕手は、ストライクゾーンギリギリの投球であっても、キャッチングの動作をうまくコントロールして、審判に「ストライク！」とコールさせることができる。

逆に、キャッチした瞬間にミットが流れてしまったりすると、せっかくのストライク球でも「ボール！」と判定されかねない。

うまくフレーミングしてもらえると、ピッチャーとしても投げていて気分がいい。

また、身体を使ってボールを受け止めてくれるキャッチャーが相手だと、投球時の安心感がかなり違ってくる。この技術がブロッキングである。

「このキャッチャーなら僕の球を後ろに逸らしたりせず、ブロックしてくれるはずだ」という信頼があると、思い切ったピッチングがしやすくなるのだ。

こういう話をすると、必ず出てくるのが「投手と捕手との相性」というテーマだ。

もちろん、配球に関する考え方など、バッテリー間に多少の「相性の良し悪し」があるのは事実だ。

しかし、**相性の差というのは、あまり本質的なものではない**と思う。

さきほど書いたような「自分のボールや性格を知ってもらう努力」や「配球に関する丁寧な打ち合わせ」「実戦のなかでバッテリーを組む経験」などをしっかり積み重ねていけば、相性の良し悪しはたいてい解消していくものだからだ。

ときどき「和田さんは○○捕手との相性がバッグンですね！」などと言っていただくことがある。

褒めていただけるのは本当に光栄だが、その一方で内心、忸怩《じくじ》たる思いがないわけではない。

要するに、「この捕手とは組みやすい」とか「この人とはやりづらい」といった差があるうちは、捕手とのコミュニケーションがまだまだ十分ではないということだからだ。

どんな捕手と組んでも、しっかりと実力を発揮できるのが本当のプロ投手だと思うし、少なくとも僕自身はそのような投手として評価されたい。これが僕の本心である。

「個人の技術」を磨くことだけが練習ではない。

野球のようなチームスポーツであればなおさらだ。

誰と組むことになっても最高のパフォーマンスを発揮できるよう、「関係性」そのものに磨きをかけていく。

それもまた、僕たちには欠かせない「練習」なのだ。

THINK!

「相性」のせいにしていては、プロと言えない

第 5 章

人を育てて、自分を育てる

「並の野球少年」だった僕が、野球をやめなかった理由

22

PRACTICE

しばらく前から、野球関係者のあいだでは「野球人口が減少している」という話題になることが少なくない。

なかでも、「子どもの野球離れ」は顕著だという。

野球をする子どもの減少は、日本野球界にとっても由々《ゆゆ》しき問題だ。

野球人口の裾野《すその》が小さくなれば、その頂点であるプロ野球のレベル低下にもつながる可能性が高いからだ。

この状況を何とかするためには、2つのことが必要になる。

1つは**野球をはじめる子どもを「増やすこと」**。

もう1つは、**すでに野球をやっている子どもに「やめずに続けてもらうこと」**。

「練習」という観点でいえば、とくに後者の「続けること」は大きな問題だ。

といっても、現在の僕が野球少年・少女に接する機会は、シーズンオフに開催される野球教室の場くらいである。

実際に少年野球の指導にあたっている人からすれば、あまりに無知だと思われることもあるかもしれないが、あくまでも僕自身の経験に基づいて、「こんなことを大切にすれば、大人も子どもも練習を続けていけるのではないか」というアイデアを語ってみたいと思う。

僕が野球を本格的にはじめたのは、小学1年生のときのことだ。当時は愛知県江南市に住んでいたこともあり、地元の「江南クイッカーズ」というチームに入った。

じつは、初めて野球に接したこのときの印象が、現在も強烈に心に残っている。

「ボールを投げる」
「ボールをバットで打って走る」

この基礎的な動作が、楽しくて仕方なかったのだ。

何がそんなに楽しかったのか、もはやいまとなってはうまく説明できないが、とにかく単純に投げて打つだけのプレーなのに、どんなに続けても飽きることがなかった。

その野球チームは、週末の土曜・日曜に活動していて、平日は自主参加の「朝練」を行っていた。

自分で言うのもなんだが、僕は小学生時代から、とくに真面目で勤勉なタイプだったというわけではない。身体も小柄だったし、はじめからキラリと光るセンスを見せていたかというと、そんなこともなかった。

それにもかかわらず、どういうわけか当時の僕は、自分で小遣いを貯めて目覚まし時計を買い、1人で起床して毎日のようにその朝練に参加していた。

夏の暑い日も、冬の寒い日も……さすがに雨の日は休んだが、それでも小雨程度だったら、喜んで近所のグラウンドまで走って向かった。

いまだに両親が「毎日よく続けていたよねぇ」と言うほどだ。自分で振り返っても、**「たいしてうまくもなかったのに、よくも飽きなかったものだな……」**という気持ちになる。

なぜ続けられたかといえば、当時の僕のなかに「野球って楽しいな！」という思いがあったからだ。

しかも、誇張《こちょう》でも何でもなく、このときの「楽しさ」はいまでも僕のなかにずっとある。

THINK!

結局、最初の「楽しい!」があると、続けられる

当時から30年以上の時間が経過しているが、僕がこの年齢まで現役としてプレーしてこられたモチベーションの源泉は、6歳のときに感じた「野球って楽しい!」という原始的な感情に帰結するように思う。

もし僕が「少年野球のコーチ」になったら……？

23
PRACTICE

何か新しい物事をはじめるとき、それを**継続できるかどうかは、「最初の印象」に大きく左右される。**少なくとも僕個人はそうだ。

たとえば、小説でも漫画でも、最初の導入部分を読みはじめて面白くなければ、すぐに本を置いてしまう。

ゲームなども、少しプレーしてみて「おおっ！」という感覚がなければやめてしまうことが多い。

もしかしたら、後半にハラハラドキドキする展開が待っているのかもしれないが、そこまで待てないのだ。僕と同じようなタイプの人は、たくさんいるのではないだろうか。

勉強に関しても同じことが言えるだろう。

基礎となる初歩段階の内容をマスターして、「わかるぞ！」という手応えをつかめれば、次の段階にステップアップしても、興味を持って積極的に取り組める場合が多い。「この先はどうなるのかな？」と、自ら理解しようとする意欲も湧いてくる。

しかし、最初につまずいてしまうと、それ以降の内容は、どんなに丁寧に説明されてもチンプンカンプンだ。

小学3年生で習うことを理解していないのに、5年生の授業についていけるわけがない。そうなってしまった子どもが、勉強を嫌いになってしまうのは当然だろう。

野球でも、同様のことが起きている可能性はないだろうか。

つまり、**いちばん最初の段階で「野球は楽しい！」と思ってもらえれば、そのあとも続けてくれる子どもが増える**のではないか。

僕の場合は、野球に対する「第一印象」に非常に恵まれた。

だからこそ、野球をしている子どもたち・これから野球をはじめる子どもたちには、1人でも多く、僕と同じような経験をしてほしい。

このときの「楽しい！」という気持ちは、その後に厳しい練習を「続ける」うえでも、強い味方になってくれるはずだ。

あくまでも想像上の話だが、もし仮に、僕が少年野球の指導者になったりしたら、まずは子どもたちにこの「楽しさ」を共有してもらうことを最優先するだろう。

どんな初心者でも必ずボールやバットに触れる時間をたっぷり用意し、ボールを投げたり、バットで打ったりという基本動作の面白さを体感してほしい。

僕が子どもだったころには、1年生から6年生までを合わせると40〜50人以上いるような大所帯のチームも珍しくなかった。そうなると、下級生はどうしても球拾いだとか声出しに回る機会が多くなってしまう。

野球が超人気スポーツだった当時なら、それでよかったのかもしれないが、**初心者がいきなり球拾いや声出しばかりをしても楽しいはずがない。**

いや、むしろ「野球なんてつまらない」と思う子どもさえいるかもしれない。

そう考えると、上級生と下級生の2チームに分けたうえで、練習の時間帯をうまくズラすなどして、下級生にもボールやバットに触れる機会をつくるべきだろう。

あるいは、そういったことは、実際の指導現場でもとっくに行われているのかもしれないが……。

せっかく「野球の入り口」に立ってくれた子どもたちには、最低限、「投げること・打つことの楽しさ」を実感してもらいたい。

それがわからないまま野球から離れてしまうなんて、これほどもったいないことはないと思うからだ。

THINK!

イヤになりかけたら、最初の「楽しい!」を思い出そう

続けた人だけが手にする「特別な」楽しさ

24

PRACTICE

投げる・打つという野球の基本動作に伴う喜びに焦点を絞って話を進めてきたが、野球の練習を継続するうえでは、ほかにもいくつかの楽しさが大事になってくるように思う。

野球の初期段階の楽しさに目覚めて野球を続けていると、今度は「でも、なかなか狙ったところに投げられないや……」とか「打ってもボールを遠くまで飛ばせないな……」というような壁に直面する。

ここで、「どうすればコントロールがよくなるか？」「どんな打ち方をすると、打球を飛ばせるのか？」ということを、子どもなりに自分で考えて工夫するプロセスがはじまる。

こうやって**自分なりに仮説を立ててみて、それを実際に試してみるという作業が、僕をさらに野球に夢中にさせていった。**これは、投げたり打ったりするときのシンプルな楽しさとは違う。よりハイレベルな楽しさと言っていいだろう。

ひとたびこのサイクルに入ると、年齢が上がるにつれて、自分なりの課題がどんどん見つかっていく。

そのたびに考えて工夫するようになれば、練習↓上達のサイクルは一気に加速するだろう。

「投球のスピードをもっと上げるには？」
「球速が遅くても、バッターを抑えられる方法はないか？」
「あの強打者から三振を奪うには？」

こうした**「試行錯誤の楽しさ」は、現在の僕にも欠かせないもの**だ。

いまでも僕は、自分に足りないものは何かを分析して、それを補う練習メニューを考えていく。課題があるのだから、途中でやめるわけにはいかない。僕はそうやって野球にどんどんのめり込んでいった。

さらに忘れてはならないのが、「成長による楽しさ」だ。ランニングしたり、トレーニングしたりすれば、息が上がって苦しいのは当たり前だ。試合で負けたり、ヒット・ホームランを打たれたりすれば当然悔しい。

しかし、それらの練習を継続することで、「できなかったことができるようになるタイミング」がやってくる。そのときの喜びは格別だ。これがまた、さらなる練習の原動力になってくれる。

これらが僕なりに考える「練習の継続に必要なこと」だ。楽しさを軸に練習を設計していけば、野球を続けたいと思う子どもは増えていくのではないだろうか。

もちろん、子どもたちには無限の可能性があるのだから、それぞれのやりたいことを選択すればいい。必ずしも、それが野球である必要はない。

ただし、どんな道を選ぶにしても、何かを「続けていく」うえでは、ここまで語った「楽しさ」の実感が必要なのではないかと思う。

まったく楽しさを感じないまま、歯を食いしばって我慢しながら何かを続けていくことは、少なくとも僕にはできそうもない。

THINK!

「仮説→検証」サイクルが、「練習」をもっと楽しくする

後輩には自分から「助言」しない

25

PRACTICE

僕らプロ野球選手のほとんどは、毎シーズンオフの期間を、2月から始まる春季キャンプに向けた身体づくりのための「自主トレーニング」にあてている。

以前は、正月明けから1月末まで自主トレをするのがふつうだったが、最近は12月中旬あたりから海外などに行き、本格的に始動する選手が増えてきているように思う。

練習相手が必要なので、たいていの場合、何人かの選手で集まってトレーニングを行うのが一般的だ。

僕も毎年のように数名の若手選手とともに汗を流している。自分1人だとどうしても妥協してしまいそうになることもあるので、若手とともに練習に励む機会は、僕にとっても非常に貴重だ。

ある年の自主トレ参加メンバーは、伊藤祐介、田中正義、笠谷俊介、齋藤誠哉の4名。いずれも「和田さんと自主トレをしたい」と言ってくれた、ホークスの後輩ピッチャーたちだった。

10歳以上も年齢の離れた彼らとの関係性を、ひと言で言い表すのは意外と難しい。

僕らプロ野球選手は、同じチームメイトであっても、基本的にはいわゆる「個人事業主」なので、企業で働くビジネスパーソンの上司・部下関係とは少し違う。

彼らに何か教えたりする機会がまったくないわけではない。あえて適当な言葉を探せば、「先生と生徒」というのがいちばんしっくりくるような気もする。

といっても、学校の先生のように一方的に勉強を教えるスタイルをとるわけではないし、師弟関係があるわけでもない。何よりも、僕自身が彼らから教えられることも多い。

このような独特の関係性のなかで、**年長者としての僕が気をつけているのが、「自分から進んでアドバイスをしない」ということ**だ。

基本的に僕は、後輩から質問されたことにしか答えないようにしている。

「フォームのこの部分を改良すれば、もっとよくなるかもしれないな……」と内心思っていても、僕のほうから彼らに助言することはない。

なぜなのか？　理由は3つある。

1つは、あまりにも当たり前すぎて拍子抜けされるかもしれないが、本人が自発的に「知りたい」「学びたい」と思っていなければ、いくらこちらが熱心に教えても意味がないからだ。

僕たちはプロの選手であり、アマチュアではない。個々人が自ら「もっとうまくなりたい！」と思わなければ成長はない。

先ほどの自主トレメンバーも、決して僕のほうから「一緒にトレーニングをやろう！」と誘ったわけではない。

向こうから自発的に「和田さんのトレーニングに参加したい！」と言ってきたのが、その年はたまたま前述の4人だったというだけの話なのだ。

2つめの理由は、「彼らが積み上げてきた野球」を尊重したいからだ。

たとえどんなに年齢が離れていようと、僕たちはそれぞれ、アマチュア時代に上げた一定の実績を評価されて、この世界に入ってきたプロである。

そのことに対するリスペクトは忘れてはならないと僕は考えている。

とくに、ピッチャーの投球フォームは、非常に微妙なバランスの上に成り立っていて、少しいじるだけでも、全体が大きく崩れかねない。

だから、フォームの欠点が部分的に修正されたとしても、長所まで消し去ってしまう危険性すらあるのだ。生半可なアドバイスによって、彼らの武器まで奪うようなことになっては元も子もない。

僕が若手に自分からアドバイスをしない最後の理由は、そもそも僕が「投手コーチ」の立場にあるわけではないからだ。

言うまでもなくコーチは、教えることの「プロ」である。

各球団にはそれを仕事にしている方がいる以上、その仕事の領域を侵すことはしたくない。

それに、僕のアドバイスが功を奏さなかった場合……もっと言えば、悪いほうに転んでしまった場合、僕の立場ではそもそも責任の取りようがない。

一般企業であれば、先輩社員が後輩に「このやり方でやってみたら?」とアドバイスし、もしその後輩が失敗をすることになっても、先輩にはあとからフォローやカバーをするチャンスはあるのではないだろうか。

しかし、プロ野球の世界では、そんなチャンスはまずない。

彼らが試合で打たれてしまっても、同じ投手の僕は打撃でフォローするわけにもいかないし、彼らが試合で出した結果は、ダイレクトに彼らの評価に反映され、その後の年俸や選手生命にも影響してくる。

投球フォームという微妙なものにメスを入れるならば、**アドバイスをする僕にもそれなりの覚悟が必要だし、アドバイスを受ける側にも同等の覚悟が必要になる。**

プロフェッショナル同士のアドバイスには、そうした「責任」が伴うものなのだ。

THINK!

何気ない「アドバイス」で、周囲を混乱させていないか？

「選手がわかる言葉」に言い換える「通訳」になる

26
PRACTICE

前述のとおり、若手から助言を求められないかぎり、僕は自分から進んでアドバイスすることはしないようにしている。

他方、直接的なアドバイスというかたちではないにしても、**若手に対して僕が意識している役割の1つが「通訳になる」ということ**である。

投球フォームにおいて決定的に重要な「下半身の動き」を例にとろう（僕はサウスポーなので、左腕投手のフォームを念頭に置いた説明になっていることに注意！）。

投球動作において、僕が最も大切にしているのが、右足を上げて、ホームベース方向へ踏み込む直前の姿勢……つまり、軸足の左足で直立したときの体勢である。

この後、自分の左のお尻にしっかりと体重を乗せて体重移動をする感覚が得られないと、いいボールが投げられない。

これは「パワーポジション」と呼ばれている姿勢であり、投球動作にかぎらず、人間が最も力を出しやすいスポーツの基本姿勢として知られている。

「スキージャンプの選手が踏み切る直前の姿勢」「ウエイトリフティングの選手がバーベルを押し上げる際の姿勢」と言えば、イメージが湧くだろうか。

このような姿勢を身につけるだけでも、「通訳」が必要になることがあるのだ。

たとえば、自主トレの場にトレーナーの土橋が参加してくれていた際、若手のピッチャーたちに対しても、彼は一貫して理論的な説明をしていた。

決して感覚的な言葉での説明ができないわけではないだろうが、あくまでもプロのトレーナーとして科学的根拠に基づいた事実だけを伝えるようにしていたのだろう。

パワーポジションについて伝えるときも、彼は「重心にお尻を乗せろ」などと感覚的な言い方をしない。意識するべき筋肉の名前などをあげながら、バイオメカニクスに裏づけられた説明をする。

僕自身は、早稲田大学時代にバイオメカニクスを勉強していたこともあって、こういった説明をされても戸惑うことはないし、ある程度は理解できる。

しかし、自主トレを一緒に行っていた若手たちのなかには、いきなりいろいろな筋肉の名前を言われても、具体的に動きをイメージできない選手も多かった。

そんなときには、同じピッチャーの立場から、僕がバイオメカニクスの言葉を「ピッチャーの言葉」に置き換えて、代わりに伝えるようにする。

ピッチャーだからこそ理解できる「感覚的な言葉」というものはたしかにある。

僕が「通訳」として間に入り、難しい専門用語を「ピッチャー語」に翻訳することで、若手のピッチャーたちも理解が進み、より適切な姿勢をとれるようになったりするのだ。


集団で練習するときには、一種の「共通言語」があるに越したことはない。

しかし、メンバー全員がそれを共有しているとはかぎらないだろう。

だとすれば、若手メンバーにも理解できる言葉に「翻訳」するのは、年長者の役割になるだろう。


THINK!

チームの成長には「通訳係」が欠かせない

不調のときこそ、アドバイスを受け流す勇気

27
PRACTICE

若手選手たちにはアドバイスをしないようにしていると書いたが、もちろん一緒に自主トレをしていれば、どうしても彼らの投球フォームなどに関して、「自分だったら、もっとこうするんだけどなあ」という点が目につくことはある。

そういうときに思わず助言しそうになるのをグッと堪《こら》えられるのは、**僕自身も、人からアドバイスを受けるのがあまり「得意」ではなかった**からかもしれない。

これは、助言されるのが「嫌い」だというのとはまた違う。

繰り返すようだが、子どものころの僕は、いわゆるふつうの野球少年だった。

肉体的に恵まれていたわけでも、センスが優れていたわけでもなく、アマチュア時代には目立った実績を残せなかった。

そういう自覚があったからこそ、僕はこれまで出会った指導者や先輩たちからのどんな助言に対しても、謙虚な姿勢で耳を傾けてきたつもりだ。

そして、それぞれのアドバイスを実践してみて、自分に合うかどうかを吟味してきた。

たとえば、以前に僕は、元チームメイトの杉内俊哉（現・読売ジャイアンツ二軍投手コーチ）に質問したことがある。

決め球の1つであるチェンジアップの投げ方がどうしてもしっくりこなくなった僕は、彼がふだんどうやってこの球種を投げているのかを質問してみたのだ。

そのときに彼はこんなふうに答えてくれた。

「ストレートを投げるときと同じように、いや、むしろ、ストレートのときよりも、もっと強く腕を振るようにしている」

「たったこれだけ?」と思われるかもしれないが、僕はこの言葉のおかげでチェンジアップのコツのようなものを見事つかむことができた。

このときは、彼の助言がたまたま当時の僕にしっくりきたのだろうが、こういうケースはかなりまれではないかと思う。

アドバイスをもらえること自体は、当然ありがたいが、やはりそのすべてを受け入れるのは難しい。

受け入れるかどうかの判断基準については、アドバイスの内容はもちろんだが、その「タイミング」も大きなウエイトを占めているように思う。

アドバイスされる側が聞く耳を持てないような状況だったら、その助言はなかなか受け入れられないからだ。

たとえば、試合中のアドバイスなどはその最たる例だろう。

ピッチャーが試合の最中に助言を受けるということは、たいていの場合、その日の調子がよくないということを意味する。そんなときに受けるアドバイスは「注意」の意味合いを多く含んでいるものだ。

「逆球が多いから気をつけろ！」
「ボール球が多く投球のリズムが悪いぞ！」

調子が悪くて、投球が乱れていることは、自分自身でもよく理解している。

だからこそ、試合中にこうやって声をかけられても、心のなかではつい「そんなことは、自分がいちばんわかっていますよ！」という思いが生まれてしまう。

そういう状況を打破できるような、具体的で即効性のある、技術的アドバイスなら別だろう。

しかし、試合中になされるアドバイスの多くには、そうではないものが含まれてくる。

周囲が「よかれ」と思って助言してくれていることはわかってはいるが、**いまの自分にはプラスにならないと判断したら、そういうアドバイスについては「あえて受け流す勇気」も大切になる**と思う。

THINK!

いいアドバイスは、いいタイミングにやってくる

小学生のころから
ずっと
憧れてきた
今中慎二投手

28

PRACTICE

プロ野球は実力の世界だ。

どんなに年齢が離れていようと、野手ならレギュラーの座を、投手なら先発・中継ぎ・抑えといったかぎられたポジションを奪い合うライバル関係にある。

プロとして自分の力を証明し続けていかなければ、この世界では生き残っていけないのだ。とくにピッチャーは試合中、1人でマウンド上で戦わなければならない。

「オレがこのチームのエースだ！　打てるものなら打ってみろ！」というくらいの気《き》概《がい》がなければ、目の前にいるバッターを抑えられない。

もちろん、個の力だけですべての問題を解決できると言っているわけではない。

しかし、そういう場合でも、仲間からの助けを待つのではなく、自分に足りない要素を自分で分析して、その不足分を自ら補っていくような姿勢が求められるだろう。

若手投手たちにも、こういう意識をぜひ持ってもらいたいと思う。

でも僕は、ライバルとなり得る若手の成長に「恐怖」を感じるかというと、決してそんなことはない。これは強がりでもなんでもなく、後輩たちの成長は、僕にとっても本当に喜ばしいことなのだ。プロ野球での先輩と後輩はそういう関係性にあるべきだし、それを繰り返しながらチームや組織は強くなっていくのだろう。

先輩・後輩関係がはっきりしている野球界では、「必ず先輩が後輩に食事をおごる」という慣習がある。僕も後輩と食事に行けば、必ず支払いをしている。

僕自身はその慣習が嫌いなわけではないが、いつか大活躍する後輩投手から「いまは僕のほうが稼いでいますし、今日は和田さんにごちそうしますよ！」などと冗談を言われる日がやってくることも、心のどこかで楽しみにしているのだ。

翻《ひるがえ》って、現在の自分が彼らにできることは何かと考えたとき、僕が思い浮かべるのは、元・中日ドラゴンズの今中慎二《いまなかしんじ》投手のことだ。

僕は小学生のころからずっと、ピッチャーとしての今中さんに憧れてきた。

140キロ台後半の速球と、大きく縦に落ちる緩いカーブを操ったドラゴンズのエースだ。ずっと身体が小さかった僕にとって、身長こそ高かったがプロのなかではかなり細身の今中さんが、ストレートとカーブの2球種だけで、プロのバッターを次々とねじ伏せていく姿は、とてつもなく格好よく見えた。

自分と同じサウスポーだったことも、憧れの気持ちをさらに大きくさせた。

THINK!

若い人たちの練習目標になることも、ベテランの役割

プロに入って、初めて今中さんと対面する機会に恵まれたとき、尋常でないほど緊張したことはいまでも覚えている。

僕がこれまでの人生で、自分自身のために「サインしてください」とお願いしたのは、ソフトバンクホークスの王貞治《おうさだはる》会長と、今中さんのお2人だけだ。

今中さんにいただいたサインボールは、現在も実家に大切に飾ってある。

これからも、ともに自主トレをする選手をはじめ、**若手たちから「学びたい」と思ってもらえる存在でありたい**。若手たちの「憧れ」とまではいかないまでも、彼らの「目標」になることが、年長者である僕たちの役目ではないかと思っている。

第6章

それでも僕は、練習をやめない

「安定した自分」を維持するために走る

29

PRACTICE

野球界では最近、「ある練習」を行うことの是非が議論になっている。

「ピッチャーの練習にランニングは必要なのか？」

これまで日本球界では、「走ること」がピッチャーの練習のうちで最も大切な1つに数えられてきた。基礎練習の中心と言ってもいい。

投球フォームのポイントは下半身の安定にある。そのために徹底的に走り込んで強《きょう》靭《じん》な下半身を手に入れる。そんな考え方が元となり、野球界には「ピッチャーは走ってナンボ」とか「ピッチャーは走ることが仕事」なんて言葉があるほどだ。

ところが最近、練習におけるランニングの効果の有無が取り沙汰されるようになり、**「ピッチャーにとって、絶対に必要な練習メニューではないのでは？」**との声も大きくなっている。

「科学的な根拠がなく時代遅れ」

「下半身を鍛えるためならば、もっと効果的なトレーニング方法がほかにもある」

これらがランニング否定派・疑問派が唱える主な理由だ。

「ランニングは必要ない」という考え方は、メジャーリーグから伝わってきたものだろう。実際、メジャーリーグでは、ランニングのメニューは「トレーニング」ではなく「コンディショニング」に分類されている。身体を鍛えるためのものではなく、調整の一環だと考えられているわけだ。

ではメジャーリーガー……そのなかでも、とくにピッチャーたちはいっさい練習で走らないかと言えば、決してそんなことはない。

僕がＭＬＢシカゴ・カブスから福岡ソフトバンクホークスに移籍して日本球界に復帰したのは２０１６年のことだが、**少なくとも僕がカブスに在籍していた当時、練習にランニングを取り入れていたチームメイトのピッチャーは何人もいた。**

そこに年齢的な偏りはなく、体力のある若手から30歳を超えるベテランまでが、かなり息が上がるくらいのランニングメニューをこなしていた。

もちろん、逆に練習中にほとんど走らないピッチャーも大勢いた。

走る選手は走るし、走らない選手は走らない。両極端に分かれていた感じだ。

ランニング肯定派、否定派それぞれに言い分があるわけだが、はたしてピッチャーにランニングという練習は必要なのだろうか？

結論から言うと、僕はランニング肯定派だ。

これまでの野球人生でも練習中に走り込んできたし、現在もランニングは僕のなかで重要な練習メニューの1つになっている。

僕がなぜランニングを練習メニューに取り入れているのか？

それは、**「走る動作」と「投球動作」には共通点**があるからだ。もう少し詳しく説明すると、ランニングの作業と、試合で先発してイニングを重ねてマウンドを守る作業とが、じつはよく似ていると僕は考えている。

一定のランニングを続けて疲れてくると、次第に顎《あご》が上がり、体幹がぶれて、脚も上がらなくなってくる。

同じように先発マウンドでも、イニングが進むと疲れが溜まり、身体が開いたり、肘が下がったりして投球フォームが乱れやすくなる。投球フォームの乱れは、球威の衰えやコントロールの低下に直結し、結果、失点→降板の流れにつながってしまうというわけだ。

先発ピッチャーとして、**できるだけ長いイニングのあいだ、マウンドを守るうえで大切なこと――それは、できるだけ投球フォームを乱さずに投げ続けることである。**

僕はこの「疲れてきても安定したフォームを維持する」ための練習として、ランニングを取り入れているのだ。

たとえば、インターバル走10本が限界のピッチャーが、先発した試合では80球で疲れが出てくるとしよう。その場合、彼が12本まで走れるようになれば、１００球までフォームを乱さずにいいボールを投げられるようになるかもしれない。15本までいけたら、１２０球はいける。あくまでも単純化した例ではあるが、基本的にはこのような考え方をしているのだ。

ランニングでも徹底的にフォームにこだわっているので、ただ漫然と疲れと戦いながら走っているわけではない。股関節をしっかり使えているか。腰が反《そ》っていないか。

腕の振りが乱れていないか。本来使うべき筋肉とは別の筋肉が機能していないか。走りながらすべて自分で確認するのは限界があるので、つねにトレーナーにフォームの乱れをチェックしてもらっている。

人間の身体は、疲れが溜まってきたときなどに、使う筋肉をスイッチして、別の筋肉で補おうとすることがある。この「代償運動」が習慣化し、脳がそれを覚えてしまうと、マウンド上で疲れたときにも代償運動が発生するようになる。これが無意識のうちに投球フォームの乱れにつながるわけだ。

ピッチャーに自覚がないにもかかわらず、登板中に急に球速が落ちたり、コントロールが低下したりするのは、こうした代償運動が原因になっているのだと思う。

だからこそ、僕は正しいフォームで走ることを心がけている。**フォームを乱してまで走り続けてしまっては、無意味どころかマイナスに作用する可能性すらある。**

以上が、僕がピッチャーの練習にランニングが必要だと思う理由だ。ランニングをしないで結果を残しているピッチャーもいるので、すべての選手にあてはまるとまでは断言しない。だが僕にとってランニングは、コンディショニングの一環ではなく、あくまでもトレーニングとして重要な位置を占めている。

もちろん、ランニングは「これさえやっておけば何も問題ない」という類《たぐい》の万能メニューではない。走る動作と投げる動作では、使う筋肉がまったく異なるので、別個に鍛える必要がある。その際にはウエイトトレーニングなどが有効だろう。

球威のあるボールを投げるためには高い出力が必要で、そのためにはウエイトトレーニングは不可欠だ。実際、僕もウエイトトレーニングを取り入れている。しかし、それだけではカバーできない領域もある。

結局、ランニングにせよ、ブルペン投球にせよ、ウエイトトレーニングにせよ、練習というのは、どこに目的を定めてやるかが重要なのだ。

これはピッチャーだろうとバッターだろうと関係ない。どんなスポーツにも言えることだし、場合によっては、ふだんの生活や仕事にも通じることかもしれない。

練習は、その目的を達成するための手段に過ぎないのだ。だからこそ、自分の頭で

THINK!

「万能の練習」はない。練習のクオリティは自分が決める

考えて、「何のために走るのか」「何のために素振りをするのか」「何のための筋トレなのか」といった目的意識を持たなければならない。そうしなければ、練習は本来の効果を発揮できない。

そのような目的を抜きにして、「ランニングはピッチャーには必要か不要か」という議論をすること自体がナンセンスではないだろうか。

PRACTICE 30

「うまくいったこと」をそのまま再現するのは危険

「ピッチャーはコントロールが命」との言葉があるように、狙ったコースへボールを投げる能力は、いいピッチャーの欠かせない条件だ。どんなに球速があったとしても、ストライクゾーンへ投げられなければ意味がない。四球を連発していては、まともな試合にはならないだろう。

僕はプロのピッチャーとしてコントロールにはある程度の自信を持っている。すべての投球を寸分の狂いなく操れているわけではないが、ストライクを投げられず、どうしようもなくなった経験はほとんど記憶にない。

ピッチャーがコントロールを磨くためにはどうしたらいいのか——。

一般的に、コントロールのよさ……つまり、ボールを狙ったコースへ投じるためには、「投球フォームの再現性」が重要だと言われている。

つねに同じフォームで投げれば、ボールは必ず同じコースへ行く。だから、ピッチャーはコントロールをよくするために、安定した投球フォームを身につける必要がある。そういう理屈だ。

しかしじつのところ、**この「投球フォームの再現性」という考え方に、僕はかなり懐疑的**だ。

「練習中に和田投手がシャドーピッチングを繰り返しているのは、投球フォームを何度もチェックしながら固めていき、再現性を高めるためですか？」

以前、ある記者の方からこんな質問を受けたことがある。たしかに僕は、シャドーピッチングにかなりの時間を割いており、投球フォームを何度も何度も繰り返してみるようにしている。その記者はきっと、試合前のこの様子を見ていたのだろう。

だが、その質問に対する僕の答えは、半分「はい」で、半分「いいえ」だ。

シーズン中、試合前の練習で、チーム全体のウォーミングアップが終わると、その日の先発以外のピッチャーたちは、外野へ移動して各々の練習メニューをこなす。ストレッチをしたりキャッチボールをしたりランニングをしたり。先発陣は次回の登板に向けて、ブルペン陣はその日のマウンドに向けて、それぞれ調整を進めていく。

その練習のなかで僕が最も大切にしているのがシャドーピッチングだ。

シャドーピッチングをして、投球フォームのチェックをしているのは間違いない。しかし**僕には、「投球フォームの再現性」を高めようという意識がない**のである。

すでにお伝えしたとおり、僕は自分の投球フォームをいくつかの動作ブロックに分けて認識するようにしている。そのブロックの連続形として、完成した投球フォームが構築されるというわけだ。

各ブロックには、ポイントとなる重要な動作が含まれている。たとえば、左脚で立ち、お尻に体重を乗せるときに、しっかりパワーポジションを取れているか……つまりお尻から脚の付け根の筋肉を使えているか。その体勢からスムーズに前方へ体重移動できているか。

シャドーピッチングをするとき、僕は自分で設定した投球フォームのチェックポイントを確認しているのだ。決して、つねに同じ形で投げられるように「フォーム固め」をしているわけではない。**「全体としてのフォーム」ではなく、あくまでも「個々のチェックポイントで決めたこと」を再現できているかに注意を払っている**と言えばわかりやすいだろうか。

たとえば、右オーバースローのピッチャーがいて、ボールを投げる右腕の振りが、いつもより横振り（サイドスローに近い投げ方）になっていたとしよう。いつも真上から腕を縦に振っているピッチャーが、急に横振りになるのだからコントロールは低下するし、当然、球威も衰える。

そのとき、投球フォームの再現性を意識して、「いつもと同じように腕を真上から振るようにしよう」とフォームを修正するのは危険だ。根本の解決に至らないどころか、かえって落とし穴にはまる可能性すらある。

単純に横振りを縦振りに修正しても、根本の原因を解決しなければ症状の改善にはつながらない。

「……では、もっと腕を縦に振ってみよう」「……いや、肩の開きが早いのかもしれない」などと、場当たり的に投球フォームをいじくり出すと、取り返しがつかなくなる。プロの世界にも、そんな「投球フォームの再現性」の落とし穴にはまってしまったピッチャーは何人もいるのではないだろうか？

僕ならまず、「なぜ横振りになったのか？」と考える。次に、その横振りになった原因の原因を考える。詳しい思考法はすでに紹介したとおりで、そうやって**根本の原因にたどりつくまでチェックポイントを遡っていく**のだ。

すると、じつは横振りの原因が「セットポジションのときにやや三塁側に重心がかかっていたから」ということすらあり得る。

だからこそ僕は、投球フォーム全体に再現性を求めるのではなく、チェックポイントごとの動作の再現性だけを考えるようにしている。ポイント以外の動作については、あくまでも結果として付随してくるものであり、そこにはこだわらなくてもいい。

考えてみてほしい。体調は日々変化し、体型も年々変わっていく。1試合のなかでさえ、イニングを重ねるごとに疲れが溜まってきたりするのだから、つねに同じコンディションで投げ続けられるわけはないのだ。

そんな状況下で、投球フォームの完璧な再現を貫くのは無理があるだろう。

何かうまくいくことがあったとき、僕たちは「そっくりそのまま同じこと」を再現

しようとしてしまう。しかし、物事の表面だけをなぞっても、同じようにうまくいくことは少ないだろう。

大切なのは、「うまくいった！」だけで放置するのではなく、「うまくいった理由」をしっかりと分解し尽くすことだ。うまくいかなかったときには、どこでつまずいたのかをしっかり解明することだ。

そうするなかで、押さえるべきチェックポイントを発見していき、次回からは必ずそのポイントだけは再現するようにする。それ以外の要素は、コントロールしようとしない。これを積み重ねていけば、自ずと結果はついてくるはずだ。

THINK!

「成功」をそのまま放置せず、「要因」を分析しよう

練習とは「コントロールできる範囲」に全力を注ぐこと

31
PRACTICE

僕は2018シーズン開幕前の春季キャンプで、左肩の痛みに襲われて以来、1年半にわたって戦線を離脱することになった。

キャンプインのときからなんとなく調子がよくない自覚はあったが、いきなりボールを投げられないほどの痛みにまで発展してしまったときは正直、戸惑った。

また、それまで肘のケガは何度か経験したことがあったが、肩は初めて傷める箇所だったので、そのことも余計に不安を募らせた。

すぐに治療に取り掛かったが、チームが開幕を迎える時期になっても、症状は一向に改善しない。自分の肩はどうなってしまったのか……焦る気持ちを抑えられなかった。

いちばん辛かったのは、それが「出口の見えない闘い」だったからだ。

「肘」の痛みもピッチャーにとっては深刻な問題だが、「肩」とはちょっと事情が異なる。

現代スポーツ医学において、肘関節のメカニズムはかなりの部分まで解明されているので、痛みの原因を正確に診断してもらえる可能性が高いのだ。

僕自身もメジャー時代には、トミー・ジョン手術という「肘」の内側側副靭帯《ないそくそくふくじんたい》の再建術を受けた経験がある。この手術をした場合、実戦復帰までは1年半以上かかるケースもあるが、復帰までのステップはかなり明確だ。

まずは肘関節の可動域を広げるリハビリをしながら、並行してウエイトトレーニングで筋力を戻す。数カ月後に肘の腱が生着したらキャッチボールを開始。そしてブルペン投球から実戦へ……。

こういう具合にゴールが定まっているので、一歩一歩前へ進めていけた。決して楽な道のりではなかったが、今回の肩の痛みと比べると、気持ちとしてはもう少し楽だったと思う。

他方で、**より複雑なメカニズムを持つ「肩」を傷めてしまうと、そういうわけにはいかない。**

「こういう治療を施せば、だいたい治る」という道筋がいまだにはっきりしていないし、そもそもどこが悪いのかもなかなか判断がつかないのである。

僕の肩関節の痛みについても、現在の状態が完治までのどの段階にあるのか、また、そもそも治る可能性があるのかを把握できないでいた。

画像診断を受けても、手術が必要なほど悪い箇所は見当たらない。

だから幾分、痛みが和らいだところでキャッチボールを再開するものの、徐々に距離を伸ばしていくと再び症状が悪化してしまう——その繰り返しだった。


痛みがひどいときは、日常生活に支障をきたすことさえあった。

睡眠時には、左肩を下にできないので基本的に寝返りが打てない。

肩がねじれるような痛みに見舞われて、何度も夜中に目を覚ました時期もある。

とくに寝起きには、ほとんど左腕を動かせないような状態だったので、右手だけで掛布団をはぐ動作からスタートする毎日が続いていた。


そんな出口の見えない痛みとの闘いのなかで、僕がたどり着いた1つの結論は——「自分のできることと、できないことをはっきりさせる」ということだった。

思えば、これは何か困難に直面した際、僕がよく実践してきた考え方でもある。
その状況において**自分が「コントロールできること」と「コントロールできないこと」を明確にして、前者だけに集中する**のだ。

そして、**自分の力の及ばないことに関しては「仕方ない」と潔く諦める。**

壁にぶつかったとき、人はどうしてもマイナスの側面ばかりを見てしまう。

僕自身も、根はネガティブな性格なので、そうなってしまう人の気持ちはよくわかる。

しかし、「コントロールできないこと」に関して、あれこれと思い悩み、それをなんとかしようとするのは時間や心のエネルギーの無駄だ。

むしろ、結果を残したい、もっとうまくなりたいと本気で願うのであれば、まずは「自分の努力でなんとかできること」と「そうでないこと」をはっきりと見極めるところからはじめるべきだ。

そして、いまの自分にコントロールできることが見えてきたら、あとはそこにベストを尽くす。これはケガや不調からの復帰のみならず、あらゆる「練習」に関して言えることだと思う。

当時の自分にとってできるのは、さまざまな治療にトライすることだった。その結果、肩の状態がよくなるかどうかは——たとえ自分の肩であったとしても——自分ではコントロールできない。

だから、「肩に効く」と言われる治療法はほとんど試してみた。

これがダメだったらあれを……。あれもダメだったらその次を……。ヒアルロン酸や生理食塩水などを注入するため、左肩には50～60回注射針を刺した。

「ひょっとしたら、今年、僕よりもたくさんの注射を肩に打った人間は、この日本に誰もいないんじゃないか……」

そう思いたくなるくらい、いろいろなことを試した。

だが、当時の僕にとっては、これだけが「自分にコントロールできること」だったのだ。

結果的に僕は一軍復帰を果たし、２０１９年日本シリーズ優勝を決めた巨人戦（第4戦）の先発マウンドに立つことができた。

「この治療法のおかげで回復できた！」と１つに絞るのは難しい。

メディアでは「ＰＲＰ療法（自己血の多血小板血漿《けっしょう》を利用する治療法）が回復の決め手となった」などと報じられていたが、正確なところは僕にもわからないのだ。

しかし、だからこそ左肩の回復のために動いてくださったすべてのみなさんには、心から感謝したいと思っている。

THINK!

「コントロールできない」とわかれば、「焦り」は消える

特別対談

練習について

館山昌平

Tateyama Shohei

東北楽天ゴールデンイーグルス
二軍投手コーチ
元・東京ヤクルトスワローズ 投手

和田毅

Wada Tsuyoshi

福岡ソフトバンクホークス 投手

対談相手 Profile

館山昌平　Tateyama Shohei

東北楽天ゴールデンイーグルス二軍投手コーチ。元・東京ヤクルトスワローズ投手。

1981年3月17日、神奈川県厚木市生まれ。

日大藤沢高時代、松坂大輔（横浜高校・当時）と3度投げ合い、うち2回を延長の末0－1で敗れるなど神奈川県屈指の好投手として活躍する。日本大学に進学後、3年時には東都大学春季リーグの優勝にエースとして貢献。その年に行われたワールドカップに日本代表として出場した。

2002年、東京ヤクルトスワローズに入団。プロ入り後、1年目からローテーションに入り、3年目には自身初となる2ケタ勝利をマーク。2008シーズンに最高勝率、2009シーズンにセ・リーグ最多勝など、右腕エースとしてチームを支える。

度重なるケガに苦しめられ、3度のトミー・ジョン手術（右肘内側側副靱帯再建手術）のほか、肩関節・股関節など10度にわたる手術を経験（大学時代に1回、現役中に8回、引退後に1回）。全身には191針の傷跡が残っており、他球団選手からはケガに関する相談が後を絶たない。

和田毅（福岡ソフトバンクホークス）と同じく、「松坂世代」を代表する投手の1人として活躍してきたが、2019シーズン終盤に引退を発表。同9月21日の本拠地最終戦（中日戦）にて現役生活に幕を閉じた。

次シーズンからは、東北楽天ゴールデンイーグルス二軍投手コーチへの就任が発表されている。

「松坂世代」から見た「松坂大輔」という存在

和田毅（以下、和田）　タテ、まずは17年間の現役生活、本当にお疲れさま！

館山昌平（以下、館山）　ありがとう！　ちょうど昨晩、チームのみんながオレとハタケ（畠山和洋）の引退パーティを開いてくれてさ……久しぶりに朝まで呑んだ（笑）。

和田　いいねぇ！　それにしても、相変わらずバイタリティーがすごい……。

館山　これで同学年（松坂世代）の残りの現役は5人？　2020年もNPBでプレーするのは、マツ（松坂大輔）、（藤川）球児、渡辺直人、久保裕也……あれ？　あと1人は誰だっけ……。

和田　ここにいるよ！

館山　あ、そっか……ツヨシか（笑）。で、あと久保康友がメキシコリーグでがんばってる。マツも久しぶりに西武ライオンズのユニフォームを着ることになったね。

和田　うん、公式戦で投げ合う機会があれば……って楽しみにしてる。

館山　ああ、それはそうだろうな。でも、正直なところ、高校時代はそんなふうには思えなかったよね。

和田　そもそも僕は高校時代に（松坂）大輔と投げ合ったことないし、まさに別世界の存在だったよ。尊敬の念というか……。当時のイメージが強烈だからか、いまも「誰が何と言おうと僕らのリーダー」って気持ちは変わらないよね。

館山　たしかに。オレもライバルっていうふ

うには見たことはなかった。

和田　高校時代に実際に投げ合っているタテでも、そう思ってたの？

館山　じつは「松坂大輔と投げ合った」って感覚はなかったな。対横浜高校で考えていたから。試合前にウォーミングアップをやるとき、同じタイミングで遠投するでしょ？　ホームベース付近から、それぞれレフト方向・ライト方向へ投げるんだけど、そのときは「一緒に投げてるなあ」って思えたよ。少しだけ言葉も交わしたりしたしね。でも、やっぱり試合中のマウンド上では「（これがあの松坂大輔が使ったマウンドか……）」なんて感動してた。土の掘れ具合とか、どういう足の運びをしているかが気になったりして（笑）。

和田　その気持ちはわかる！　「（あのピンチの場面で三振に打ち取ったときのガッツポーズはカッコよかったな）」とか「（そうか……この場面でギアを入れ替えるのか）」とか思いながらテレビで見てた。

館山　もうファンの視点だったよね。「（スパイクはどこのを使ってるのかな……？）」とか。

和田　僕もロジン（編集部注——ロジンバッグ。滑り止め剤の粉末を布製の袋に詰めたもの）

の使い方とかまで気になったな。

館山　だから、マツがプロ1年目から活躍してくれたときも、素直にうれしかったよね。オレたちの世代の№1が、プロの世界でどこまでやれるのか。期待はしていたけど、当時のオレにとってプロは未知の世界だったし。そこでいきなり結果を出したんだから、単純に「スゴい！」と思った。

和田　ドラ1でプロ入りした同学年の選手はほかにもいたけど、大輔はやっぱり別格だった。プロ入り後は同じパ・リーグだったから、対戦する機会が何回かあったけど、とくに最初のころは「自分なんかがあの松坂と投げ合っていいのかな？」なんて思ってたからね。マウンドに上がる以上、「絶対に負けたくない！」という気持ちはあったけど、「（いま、松坂大輔と投げ合っている！）」って心のなかで勝手に盛り上がってたもん。

館山　スピードとかの能力面とメディアでの注目度を併せて考えたら、高校時代にマツのことを本当にライバル視できたのって、ナギサ（新垣渚）くらいだったんじゃない？　杉内（俊哉）もスゴかったけど、高校時代はまだナギサやマツほどじゃなかったもんね。

和田　僕の場合は、島根の公立高校だったこともあって、強豪校と練習試合をやったりする機会もそんなに多くなかったし、彼らと知り合って情報交換をするチャンスも少なかった。正直、スギ（杉内俊哉）の存在も3年夏の甲子園まで知らなかったくらい。そんな環境にいた僕ですら、「松坂大輔と新垣渚っていうものすごいピッチャーが同学年にいる」という話は大会前から聞かされていたから、やっぱり2人は別格だね。

特別対談

練習について

館山　そのナギサもいまはもう引退して……。

和田　ホークスジュニアの監督をやったり、ホークスの将来のためにがんばっているよ。

17年間の現役生活とケガのこと

館山　そういえば、ツヨシと初めて一緒にプレーしたのは日米大学野球のとき？

和田　同じチームになったのは、そこが初めてかな。

館山　楽しいチームだったよね。新横浜の中華料理屋に行って、チームで食事をしていたときに、みんなが「和田はどこのチームに行くつもりなんだ？」って聞いてたのを覚えている。

和田　そんなこと、あったっけ？

館山　あったじゃん！　当時はドラフトに自由獲得枠があったころで、ツヨシは「ようやく4球団くらいに絞った」みたいなことを言ってたんだけど、周りのみんなは「早く決めろ！　和田毅が決まらないと、あとがつかえて誰も決まらないんだよ！」って詰め寄ってた（笑）。

和田　ああ……あのときか。いまよりもいろいろと大らかな時代だったよね。

館山　日米大学野球のときで、もう1つだけオレの印象に残っているのが、ツヨシの投球だな。あの大会の合宿のとき、キャッチャーの数が足りなくて、オレはキャッチャー経験もあったからブルペンに入ったりもしてたんだ。そこでツヨシのボールをキャッチングしたんだけど、スゲー怖かった記憶がある。ふつうのピッチャーは、ボールの軌道が「線」になって見えるんだけど、ツヨシの球はまさに「点」だった。遠近感がないまま、そのままズドンってミットに入ってくる感じ。

和田 へぇ～そうなんだ！

館山 プロのバッターが「和田の投球は、実際の球速より速く感じる」「140㎞／h台のストレートなのに振り遅れる」なんて言っているのをよく聞いたけど、オレはあのときの感覚があるから、その言葉の意味がよくわかるよ。あの球は相当打ちづらいだろうなと。

和田 ピッチャーに褒められると、なんかうれしい！ ……ところで、改めて聞くけど、タテは17年間の現役生活を振り返ってどう？

館山 正直よくやったなって思うよ。本当は1年前の2018シーズンでやめようと一度は腹をくくってたんだ。でも球団側から「チームをバックアップしてほしい」と言ってもらえて、もう1年やることにした。

和田 へぇ～、それは知らなかったな。

館山 自分のなかでこだわっていたのは、「最後は絶対にケガでやめない」ってことかな。「どんなにケガをしても、必ず最後は一軍のマウンドに戻ってくる。やめるのは、相手バッターを抑えられなくなったときだけだ！」ってね。ちょっと大げさかもしれないけど、それが自分が果たすべき最後の使命だと思ってたし、その姿勢こそが、野球少年・野球少女たちへのいちばん大事なメッセージになると信じてた。

和田 たしかに「ケガでやめる」っていうのはいちばん悔いが残るかもしれないね。

館山 いまはスポーツ医学の進化もあって、

何度もケガをしたけど、オレは復帰することができた。これは個人的にはすごく幸運なことだったと思っている。ケガに苦しんでいる選手……とくに子どもたちには、「きちんと治療すれば、また野球をやれるようになる」と知ってほしいっていう思いが強かったかな。

和田　じつは前からタテに聞きたかったんだけど、「ケガ→手術」を何回も繰り返すなかで、復帰に対して慎重になるようなことはなかったの？　僕は手術をしたとき「次は絶対に手術をしないように」って思いが先に来たんだよね。でもタテは、手術をしたあともけっこうすぐにキャッチボールを再開したりして、復帰するのがすごく早かった印象があるんだけど？

館山　そこは、別に無茶をしていたわけではなく、ドクターが発表する全治期間を意識してたよ。ただ、オレはよくも悪くもケガに関して注目される立場だったから、あまりにも慎重になりすぎて復帰までに予定以上の時間がかかってしまったとき、自分の症例がその後のスタンダードになるようなことがあってはならないという恐怖心はあった。もちろん、逆に全治期間より早すぎる復帰もダメ。同じケガだとしても程度の差もあるし、回復スピードにも個人差があって、ドクターは個別に診察を下している。でも情報が先走って、ほかの患者さんが「ヤクルト館山はこの期間で治ったそうですよ」みたいなことを言い出すと困るから、リハビリの詳細については取材なんかでもできるだけしゃべらないようにしてた。

和田　ケガをすること自体は怖くなかった

の？「またケガをしたらどうしよう……」と不安を抱きながらマウンドに上がっていたのか。それとも、「もしまた傷めても、また手術すればいいや」って考えてたのか。そこが知りたい！

館山　もちろん、復帰直後には怖さはあるよ。でも、試合で相手を抑えることに集中すると、その怖さが吹っ飛ぶ瞬間が来るという か……。全力で腕を振らないことには、プロ相手の勝負はできないからね。自分と勝負してる時点では、チームの力になれない。だから、自分との勝負をクリアする努力は、リハビリの段階で一生懸命やっていたね。

和田　昨年（2018年）に僕が肩を傷めたとき、タテに相談したよね。そのときも、いろいろな治療法だとかトレーニングだとかの名前が、タテの口から次々と出てきて本当に驚いた。タテは本当に身体のことをよく勉強しているよね。ケアを含めてこれだけ知識があっても、やはりケガはしてしまうものなのかなあ……？

館山　ケガの要因には遺伝的なものもあるからね。仕方ない面もある。

和田　たとえば、ルーズショルダー（編集部注――肩関節の安定化に関わる靭帯・関節包が先天的に緩い状態にある）みたいな身体の構造的な問題とか？

館山　うん。オレは肘も肩も緩かったからね。ツヨシも知ってるとおり、肩周りに筋肉をつけすぎると肩関節の可動域を狭める可能性もあるから、トレーニングに否定的な意見のドクターもいるけど、オレの場合は筋肉で補わないと抜けてしまう危険があった。関節の構造上、肩周りのトレーニングはどうして

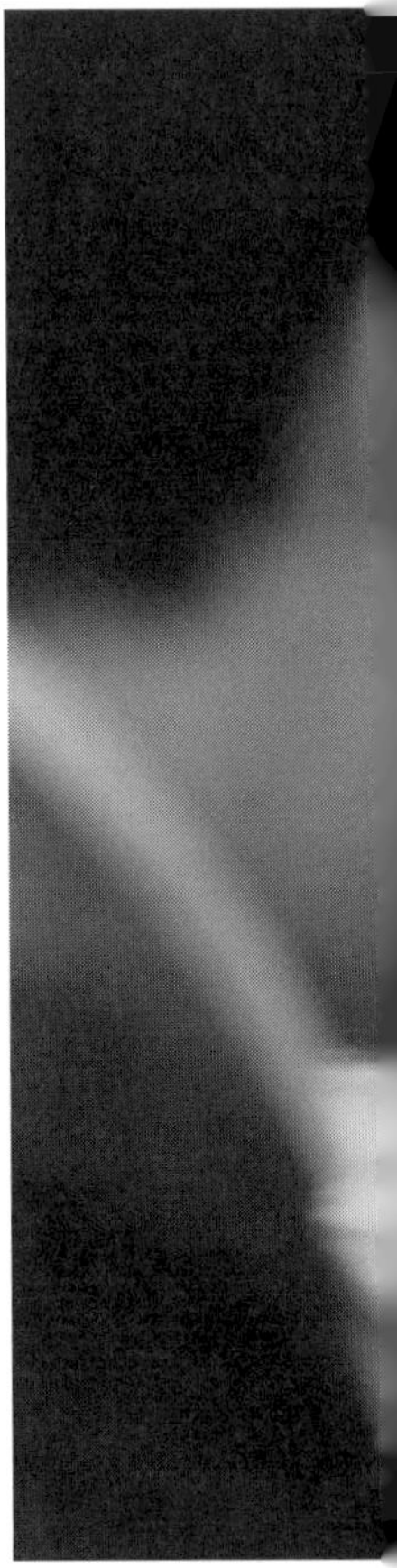

も必要だったんだ。右手が血行障害になったこともあったけど、これも仕方ないことだし……。

和田　血管のかたちとかに原因がある？

館山　そう。手のひらの血管がどんなふうに巡っているかって、個人によってかなりの違いがある。オレの右手の場合は、本来はつながっているべき血管がつながっていなくて、プロのピッチャーをやっている限り、血行障害になるのは避けられなかったとも言える。もちろんふだんの生活を送る分にはまったく問題ないんだけど。こうなるともう「仕方ないよね」と納得するしかない（笑）。

和田　思い返してみると、僕ももともと猿腕《さるうで》（編集部注——伸ばしたときに肘が極端に外側に曲がってしまう腕）気味だからな……。

館山　ツヨシも靭帯を痛めてトミー・ジョン手術を受けたでしょ？　だとすると、そういう部分が関係していたのかもしれない。もちろん、ケガをするまでプレーすることを推奨するつもりはないし、ケガのリスクを減らす方法はいろいろとあるんだけど、プロとして戦い続けるとなると、遺伝的な身体の特徴から生じるケガには、ある程度向き合わざるを得ないのかなと思うね。

和田　じゃあ、タテが現役生活でたくさんのオペを経験したっていうのも、高いパフォーマンスを保つためには必然だったんだ。

館山　必然だった。もう仕方ない。戦うためにはやらざるを得なかった。そう思うようにしている。

和田　戦うために……か。うん、長年の疑問が1つ解決してスッキリしたよ。

指導者として「練習」にどう向き合うか

和田　タテは楽天の二軍投手コーチに就任したわけだけど、指導者としての手応えはどう？　もう2019年秋季キャンプから現場で教えはじめてるんだよね？

館山　まず、楽天でのデータの扱い方の違いにビックリした（笑）。球団によってここまで違うとは……と思ってね。二軍のスタジアムにもいろんなところにカメラが設置されていて、映像データはもちろん、トラックマンやラプソード（編集部注――弾道測定器の一種）の計測データも、いつでもすぐに自分のスマホで確認できる。「自分が若手のころにこのシステムがあったら、いまの自分はどうなっていただろう？」って単純に思うね。

和田　ホークスも同じように映像やデータをチェックできるようになっているよ。こういう仕組みがあると、練習の意味合いが全然変わってくるよね。

館山　スワローズはまだけっこうアナログだったから、そのカルチャーショックは大きかったなあ。もちろん、スワローズの選手が感覚だけで適当にやってるわけじゃないけどね。感覚をちゃんと突き詰めて自分の理論を構築して、それを試合で表現できている選手は実際にいるわけだし。

和田　ただ、その理論を客観的な視点で確認できるのは、かなり便利だよね。

館山　うん。この点は指導者サイドでも、考え方をアップデートしないといけないなと思うよ。

和田　たしかに、あんまり「昔はどうだった」っていうのを押しつけるのはどうかと思う。新しいものでも、いいと思えばどんどん取り入れていけばいい。

館山　いまみたいな時代に「オレたちのころはなあ……」みたいな指導の仕方は、あまりしたくないよね。

和田　僕は指導者の立場ではないけど、チーム内で最年長者だし、若手からいろいろと質問されたりすることもあるんだよね。そのとき、どんなに自分がやってよかったと思う練習があっても、「絶対にこれをやるべきだ!」みたいな伝え方はしないように気をつけている。あくまで「自分の場合はこうしたよ」というスタンス。自分にしか成功事例がないやり方を他人に押しつける気にはなれない。だから、指導者というのは難しそうだなと。もちろん、プロとしての野球への向き合い方なんかは、不変のものがあるんだろうけど……。

館山　そういう意味では、オレがこれから指導者として若手に伝えられるのは「準備の大切さ」かな。マウンドに上がるための準備に100%の力をかけられなかったら、チームに失礼。現役時代はそれを貫いてきたから。

和田　タテは登板日にも、けっこう追い込むようにしていたでしょ?

館山　ルーティンの一環として、必ず陸上スパイクを履いて、50メートルのタイムを計測するようにしていた。そこで6秒50を切れなかったら、そのウォーミングアップは失敗。6秒50を出せる身体に仕上げてこそ準備完了——そう考えていたな。あとは、地方の球場とか、慣れない二軍のビジターで登板するときは、必ず相手チームの練習前にマウンドをチェックしていた。傾斜とかそこからの風景とか。バックホームの送球が逸れたときのために、ベンチの横のクッションの跳ね返り方を確認したりね。

和田　スゴい!　そこがタテにとってのプロとしてのこだわりだったんだ。

館山　「パフォーマンスを出せたかどうか」じゃなくて、「最善を尽くせたかどうか」っていうところで後悔しないためにもね。引退試合(2019年9月21日・中日戦)のときも、バッター1人だけの対戦って決めてはいたんだけど、それでも同じように陸上スパイクを履いて準備したよ。その日のタイムは6秒36だったかな(笑)。「このくらいでいいや」って妥協だけは一切してこなかった。「だからこそケガもしやすかった」のかもしれないけど、「だからこそここまで長くやれた」のかなとも思う。指導者としては、これから勉強していかなきゃいけないことがたくさんあるわけだけど、こういう準備の大切さについては、イーグルスの若手たちにもしっかり伝えていきたいな。

和田　現役時代にタテがそうやってアップしていた姿……試合に対するプロとしての準備の仕方を周囲は見ているからね。だからこ

そ、タテが投げるときには、周りのメンバーも「このピッチャーをオレたちで勝たせよう」という気持ちに自然となるんだと思う。僕も「（今日は疲れてるから、ランニングの本数を1〜2本減らそうかな……）」と思うことがあるけど、その準備不足が原因で1点失って負けたりすることになったら、いま必死で練習しているほかのメンバーに申し訳が立たない。そう思うと、どうしても手を抜けないよね。それに、しんどいメニューをやり切ったことで、「これだけやったんだから負けたくない！」って気持ちも芽生えてくる。

館山　そうやって自分を追い込めるところがツヨシの強みだよね。若いころにツヨシが練習している姿を見たオレに言わせれば、ツヨシはやっぱり生き残るべくして生き残っている選手だと思う。ツヨシにしても、マツにしても、球児にしても、引退っていうイメージがまだ全然湧かないね。イチローさんがずっと現役を続けていくように感じたのと一緒。もちろん、オレ自身にもやり切ったという思いは十分にあるから、「オレの思いも背負ってこれからもがんばってくれ！」なんていうふうには1ミリも思わないけどね。

和田　タテがそう思えるのは、自分がやってきたことに対して誇りがあるからだろうね。悔いがないからこそ言える台詞。僕にもいつかは自分で区切りをつけるときが必ず来ると思うけど、そのときにタテみたいに「やり切れた」って思えるようにがんばりたい。

館山　ツヨシはいつも自分がやるべきことをわかっているから大丈夫。自分の身体を知っていて、投球術も知っていて、それを突き詰めていける。もちろん素材のよさもあるんだろうけど、ほとんどはツヨシが「練習」で積み上げてきた強みだと思う。

和田　この本を締めくくるのにもふさわしい100点満点のエールだよ（笑）。今日は本当にありがとう！

館山　こちらこそ。マッとの投げ合いを楽しみにしているよ！

（対談おわり）

おわりに

――いつか「ケガすらも『大切な練習』だった」と思えるように

プロ野球2019シーズン、僕ら福岡ソフトバンクホークスは日本シリーズV3を達成した。第4戦の先発マウンドを任された僕は、日本シリーズ16年ぶりの白星をつかみ、優勝決定試合の勝利投手になることができた。

その1年前の状況を考えると、まるで夢のようだ。

2018年の春季キャンプで僕は左肩を傷め、戦線から離脱した。さまざまな治療法にトライしたが、肩の症状は一進一退の繰り返し。先の見えない戦いに苦しんでいた。

悔しさ、申し訳なさ、寂しさ……いろいろな感情が交錯するなか、2018シーズンは、チームメイトたちが日本シリーズV2を達成する様子をテレビで観戦した。
実際に試合に出場できるかどうかは、チームの戦略や巡り合わせの部分もあるので仕方ない。しかし当時は、日本一を目指すチームの輪のなかに居合わせることすらできなかったのが、本当に不甲斐《ふがい》なかった。

だから、ケガから復帰したシーズンの最後に、いまの自分の最高の投球ができたことは、素直にうれしく思う。2019シーズンは、間違いなく、僕にとって生涯忘れられないシーズンになるだろう。

日本シリーズの優勝を決めた第4戦もさることながら、今シーズンでとくに強く印象に残っているのが、2019年6月5日に行われたセ・パ交流戦での中日ドラゴンズ戦だ。
2019シーズンの開幕は二軍で迎えたが、何度かの実戦登板を経て、ようやく6月に一軍に合流することができた。6月5日のドラゴンズ戦は、僕にとっての一軍復帰初戦となったわけだが、このときの光景は、いまでも鮮明に心のなかに残っている。

先発登板の試合がある日、開始約45分前（18時開始のナイターなら17時15分ごろ）から、僕はグラウンドで最後のウォーミングアップを行うようにしている。これは左肩を傷める前から僕がずっと続けてきたルーティンだ。

あの日も、ケガをする前と同じように、そのタイミングでグラウンドに足を踏み入れた。

その瞬間、スタンドから割れんばかりの拍手と大きな声援が……。

本当に心からうれしかった。

「一軍のマウンドに戻ってこられた！」――そう実感できたのと同時に、自分がプロ野球選手であり、その存在はファンの方たちに支えられているのだと再認識させられた。僕は、あのとき全身で味わった空気を死ぬまで忘れないだろう。

1年半もの期間、戦線を離れてしまったことは率直に申し訳ないと思っている。

高額年俸の長期契約を結んでくれた球団や、チームの勝利を願うファンの方たちの期待を裏切ったわけだから当然だ。失った時間は取り戻せないし、迷惑をかけた事実は取り消せない。

ただ、今後の僕がどういう野球人生を歩むかによって、その意味合いは変わってくると思う。左肩を傷め、腕を動かすことさえ困難な状態から、再び一軍のマウンドに立つところまで回復できたという経験は、間違いなく自分の糧《かて》になっているはずだ。

たとえば将来、同じようなケガに見舞われた選手と出会ったときに、

「自分はこうやってリハビリをしたよ」

「その症状なら、この治療法を試すのも効果的かもしれないよ」


といったことを伝えられるかもしれない。

また、まったく違う場所をケガした選手だとしても、僕自身がどうやってメンタルをコントロールし、前を向き続けたのかについてであれば、何か伝えられることがきっとあるはずだ。

正直なところ、いまの僕はさすがに「ケガをしてよかった」と思える境地にまではたどりつけない。

どうしても情けなさや悔しさが先に立ってしまう。

しかし、こうしてまたマウンドに立てるようになった以上、「ケガをしたことにも意味があった」と思えるような野球人生を全うしたいと思っている。

2020年1月

和田毅

和田毅という投手の不思議な魅力

——田中周治

スポーツライターとしての20年近くのキャリアを振り返ったとき、福岡ソフトバンクホークスの和田毅は、間違いなく最も印象的なアスリートの1人だ。

厳密に数えたわけではないが、現時点でのインタビュー回数でいえば、松井秀喜か和田毅が私のなかでのトップ2に来るだろう。

いったい、彼の何が私たちを惹きつけるのか——？　本書『だから僕は練習する——天才たちに近づく挑戦』をお読みになった方なら、きっとその理由はなんとなくおわかりいただけるのではないかと思う。

彼の「練習論」は単なる野球の技術向上だけには収まりきらない、ある種の普遍性に貫かれている。ふつうに仕事や勉学、生活をしていて突き当たる課題に、「凡人」である私たちがどう向き合えばいいのか？　それに対する本質的なヒントを、彼の言葉は与えてくれているのだ。その意味で本書は、どこまでも「野球」を題材としながらも、「野球以外のこと」を語っていると言っていいかもしれない。

和田を初めて取材したのは、彼が早稲田大学4年生だったときのことだ。ドラフト自由獲得枠で福岡ダイエーホークス（当時）への入団が決まった東京六大学野球ナンバー1左腕に、プロの舞台での抱負を聞くというインタビューだった。

取材当日。東京・四谷にあるスタジオの前で待っていると、雑踏から2人の影が見えた。挨拶を交わそうと一方のたくましい男性に近づくと、そちらはなんと球団の広報担当者で、その横でダッフルコートに身を包んだ華奢《きゃしゃ》な若者が微笑んでいた。それが和田毅だった。

もちろん、彼の顔はメディアを通して見知っていた。だが、率直に言えば、それくらい〝オーラ〟を感じさせない「どこにでもいそうな大学生」だったのだ。

「これが江川卓の最多奪三振記録を塗り替えたピッチャーなのか……」

これまで取材を通して数多くの野球選手に接してきたが、そんな経験はこの一度きりだ。だから、このときの出会いはいまでも鮮明に覚えている。

そして、18年経った現在でも、取材で会う和田は、基本的にこの第一印象と変わらない。きわめて自然体で、アスリート特有の〝圧〟が一切ない。彼自身の言葉を借りるなら、まさしく「ふつうの野球少年」がそのまま成長したような人間である。

彼の考え方はいつも論理的で、話の内容は整然としていてわかりやすい。ライターからすれば、申し分ない取材対象だ。それでいて、どこかとらえどころがないのも彼の魅力の1つだ。

たとえば、これまで数十回のインタビュー取材を重ねてきても、彼がポジティブな性格なのか、ネガティブな性格なのかは、いまだによくわからない。基本的に口にするのは前向きな言葉ばかり。だが、話を進めていくと、その思考がつねに最悪の状況を想定したうえに成り立っていると気づかされる。あえて言えば、「心配性の楽天家」といったところだろうか。

また、本書の内容からもわかるとおり、彼は練習に関する理論をかなり深いところまで掘り下げて構築している。とくに投球フォームに関しては、細部の細部にまで徹底したこだわりを持つ。その一方で、新しい方法論に対しては、「いいと思ったらとりあえず試してみる。ダメだったらやめればいい」という精神で取り組んでいたりする。緻密《ちみつ》さと大胆さが同居しているのだ。

和田の投じるボールは、プロ野球の投手としては決して速い部類ではないが、プロ18年目を迎える現在も彼は、ストレートで三振を奪う本格派スタイルを貫いている。そんな投球スタイルと同様に、相反する2つの要素を内包しながら、全体として不思議なバランスのうえに成り立っているのが、和田毅という男なのである。


そんな彼の人物像を象徴するもう1つの要素が、プロ入り後から今日まで継続しているチャリティ活動だ。和田は「世界の子どもにワクチンを　日本委員会（JCV）」を通して、「公式戦での投球数1球につきワクチン10本を寄付」「勝利投手となった場合は1球につき20本」など、独自のルールに基づいた寄付をいまでもずっと続けている。

もちろん、和田以外にも慈善活動に熱心なプロスポーツ選手は多い。しかし、その根底には自身の社会的成功に対する感謝の心がある場合が多い。必死に努力してプロになり成功した。その過程で多くの人・環境に支えられてきたし、その努力が実るだけの身体的素質にも恵まれた。だから社会に還元しよう……インタビューで質問すると、多くの選手たちはこう答える。

だが和田の場合は少し違う。もちろん彼にもこうした感謝の心はあるが、むしろ、彼を動かしているのは、もっと単純なモチベーションなのだ。

あるとき本人から聞いた話だが、和田は子どものころに「なんとなくお小遣いを街頭募金してみた」ことがあったのだという。私のような人間からするとそれだけでも信じられないが、そのとき以来、彼はずっと「いつか、お小遣いじゃなく、自分のお金で募金できるようになりたいなと思っていた」のだそうだ。

それが彼のチャリティ活動の根本にある感覚だ。つまり和田は、社会貢献に対して、特段に難しく考えていない。あくまで自然に「人としてやって当たり前」というスタンスを貫いている。たまたまプロ野球選手になったから、高額な寄付をしているだけで、きっと彼はどんな職業に就いたにしても、そのときの身の丈に合った慈善活動をしていたのだろう。

こうした面を振り返ると、彼はとんでもなく「ふつう」でありながら、やはりどこまでも「特殊」な面を持っている。だからこそ、いつまで経っても、取材対象として興味が尽きないのかもしれない。

そんな和田とも18年の付き合いになるが、彼が一度だけ弱音を吐くような姿を見たことがある。左肩を痛めて戦線を離脱した2018年のときのことだ。

キャンプ中に違和感を覚えた左肩は、リハビリに励んでも一向に調子が上向かず、シーズンが開幕してしばらく経っても、快方の知らせは聞こえてこなかった。心配になった同年7月下旬、福岡・筑後にあるホークス二軍施設に足を運んだ。和田は、ほかのリハビリ組の選手たちと体力づくりのメニューをこなしていた。キャッチボールの距離は50メートル程度。1球1球を丁寧に投げ込む姿が印象的だった。

その夜、福岡にある和田の行きつけの焼鳥屋で食事を共にしたが、案の定、話は弾まなかった。「左肩の痛みが少しだけ和らいだかと思えば、翌日にはぶり返す。その繰り返しですね」――そう淡々と話す様子はいつもと変わらないようでいて、やはりどこか気持ちが沈んでいるように映った。

あんな和田の姿は見たことがなかった。メジャーリーグ時代に左肘を痛めた直後にもアメリカで会ったが、当時はもっと前向きに復帰を目指していた。それほど今回の肩の負傷は深刻だったということなのだろう。

「万が一このままの状態なら、そういう決断をする時も来るかもしれないですね」

――初めて本人の口から「引退」を思わせるような言葉が漏れたのもショックだった。

結局、2018シーズンには一軍登板を果たせなかったものの、2019シーズンにはようやく肩の状態が回復に向かいはじめた。復帰初戦となったのはセ・パ交流戦での中日戦（6月5日）、そして、第2戦が翌週の阪神戦（6月12日）だった。私は一軍マウンドに立つ和田毅の姿を見届けるために、福岡ヤフオクドームに飛んだ。

しかしいずれも復帰初勝利とはならず、彼と言葉を交わすことすらなく福岡を後にした。彼が復帰戦にどれだけの想いを込めていたかを考えると、掛けるべき言葉が見つからなかったのだ。

復帰3戦目のマウンドは6月23日、巨人との大一番だった。相手先発は球界を代表するエース菅野智之。舞台は整った――。

和田は初回から全力投球で飛ばし、5回3安打6奪三振1失点の好投を見せた。打線の援護にも恵まれ、ついに651日ぶりとなる勝ち星を飾る。これによりチームは交流戦を制覇。改めて「ホークスに和田毅あり」を印象づけるゲームだった。

試合後、勝利投手となった和田は、東京ドームベンチ裏の通路で多くの報道陣に囲まれていた。囲み会見が終わると、こちらの姿に気づいた和田は無言のまま近づいてきて、そっと右手を差し出してきた。練習に対する考え方を語る彼の姿、肩の痛みに苦しんでいた様子、福岡の焼鳥屋での会話……いろいろなものが思い出されて、自分のことのようにうれしさが込み上げてくる。

互いにがっちりと握手を交わすと、和田はようやく笑顔になって口を開いた。

「あぁ～……ホッとした～！」

大舞台で大役を果たせた安堵感。

自らの勝ち星はもちろんだが、どこまでもチームの交流戦優勝を喜ぶ表情に、「ダッフルコート姿の早大生」だった彼が重なった。

（スポーツライター）

本文写真

繁昌良司——巻頭カラー（左記以外すべて）
疋田千里——巻頭カラー（9枚目・11枚目）および特別対談

だから僕は練習する

――天才たちに近づくための挑戦

2020年2月5日　第1刷発行
2020年9月17日　第4刷発行

著　者――――和田 毅
発行所――――ダイヤモンド社
〒150-8409　東京都渋谷区神宮前6-12-17
https://www.diamond.co.jp/
電話／03･5778･7233（編集）　03･5778･7240（販売）
編集協力――――田中周治
ブックデザイン―三森健太[JUNGLE]
写　真――――繁昌良司、疋田千里
ＤＴＰ――――ニッタプリントサービス
製作進行――――ダイヤモンド・グラフィック社
印　刷――――三松堂
製　本――――ブックアート
編集担当――――藤田 悠（y-fujita@diamond.co.jp）

©2020 Tsuyoshi Wada
ISBN 978-4-478-10941-0
落丁・乱丁本はお手数ですが小社営業局宛にお送りください。送料小社負担にてお取替えいたします。但し、古書店で購入されたものについてはお取替えできません。
無断転載・複製を禁ず
Printed in Japan

本書の感想募集　http://diamond.jp/list/books/review

本書をお読みになった感想を上記サイトまでお寄せ下さい。

お書きいただいた方には抽選でダイヤモンド社のベストセラー書籍をプレゼント致します。